KB272184

학지사비즈

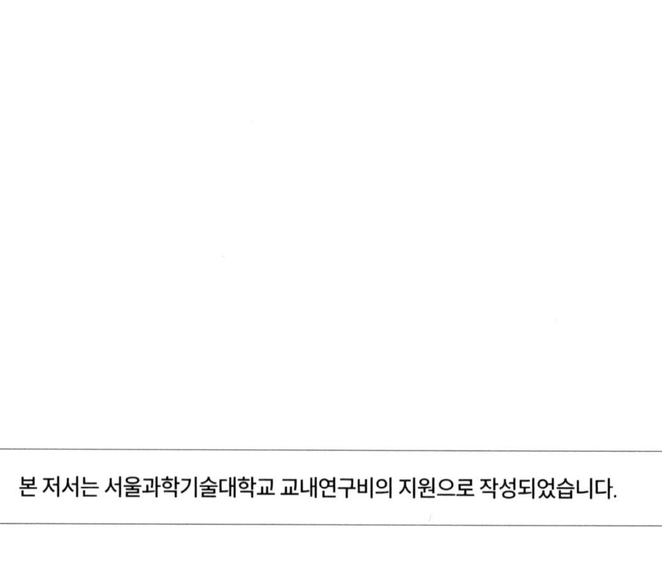

본 저서는 서울과학기술대학교 교내연구비의 지원으로 작성되었습니다.

머리말

이 책은 인공지능(AI)에 대해서 누구나 쉽게 이해하고 활용할 수 있기를 바라는 마음으로 쓰였습니다.

그동안 인공지능 기술은 수학 및 공학에 대한 깊은 지식이 있는 전문가들만 이해할 수 있는 영역으로 인식되어 왔습니다. 배경지식이 없는 비전문가들은 대체로 개념과 트렌드를 배우는 데 만족해야 했죠. 하지만 인공지능의 개념이나 흐름을 아는 것만으로는 현장에서 인공지능을 실제로 활용하기 어렵고, 오히려 본질보다는 빠르게 변하는 유행에 휩쓸리기 쉽습니다.

이 책은 인공지능을 처음 접하는 사람들도 핵심 내용을 이해하고 직접 인공지능 모델을 만들어 볼 수 있도록 구성되었습니다. 입문자들이 알아야 할 인공지능의 기술들을 이해하기 쉽게 풀어서 설명했으며, 수학 공식이나 프로그램 코드는 배제하고, 챗GPT를 활용한 노코드(no-code) 방식으로 인공지능 모델을 만드는 예제를 중심으로 소개했습니다. 책에서 제시한 실습 사례를 따라 하다 보면, 어느덧 나만의 인공지능 모델을 직접 구현할 수 있게 될 것입니다.

이제는 복잡한 프로그래밍 언어를 몰라도 인공지능 모델을 만들 수 있는 시대입니다. 기술의 진입 장벽이 낮아진 오늘날, 사용자에게 더 중요한 것은 어떻게 모델을 만들지보다는, 문제가 무엇인지 정확히 인식하고 이에 적합한 인공지능 기법을 선택하는 능력, 그리고 분석 결과를 해석하는 능력일 것입니다.

또한 이 책에서는 '인공지능이 프로필 사진을 어떻게 변신시키는지' '가상 인간의 모습은 어떻게 만들어지는지' 등의 최신 인공지능 서비스의 작동 원리도 함께 소개했습니다. 인공지능 서비스 이면의 기술을 이해하는 데 도움이 되길 바랍니다.

이 책을 통해서 더 많은 사람이 인공지능 기술의 활용자로 발돋움할 수 있기를 바랍니다.

2026년 2월

박윤주 드림

이 책의 제2부 '챗GPT로 만드는 머신러닝 모델'의 실습데이터는 학지사 홈페이지 [챗GPT 머신러닝] 소개란에 탑재되어 있으니 자유롭게 내려받아 활용하기 바랍니다.

▶ 학지사 홈페이지(https://www.hakjisa.co.kr) 〉 챗GPT 머신러닝 〉 PPT/도서자료

차례

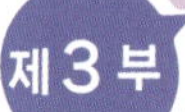

제3부 최신 딥러닝 서비스의 원리 · 137

인공지능 기초

1 인공지능, 머신러닝, 딥러닝 헷갈리지 않고 이해하기

2 기계를 학습시키는 세 가지 방법: 지도, 비지도, 강화학습

3 목적에 맞게 골라 쓰는 인공지능 기법들

4 인공지능 모델의 개발 단계

5 인공지능 모델을 효율적으로 개발하는 방법: 전이학습

1 인공지능, 머신러닝, 딥러닝 헷갈리지 않고 이해하기

인공지능에 대한 관심이 높아지면서 머신러닝, 딥러닝과 같은 단어들이 마치 설명할 필요 없는 일상 용어인 듯 사용되고 있습니다. 이제 와서 차이를 모른다고 하기에는 왠지 늦은 듯 싶어서 "그게 다 그거지~." 하고는 넘어가 버리게 되죠. 지금부터 헷갈리는 삼총사인 인공지능, 머신러닝, 딥러닝에 대해서 살펴보겠습니다.

결론부터 말하자면, 인공지능 안에 머신러닝이 있고, 머신러닝 안에 다시 딥러닝이 있습니다. 즉, 인공지능의 한 분야가 머신러닝이고, 머신러닝의 세분화된 기법들 중 하나가 딥러닝인 것입니다.

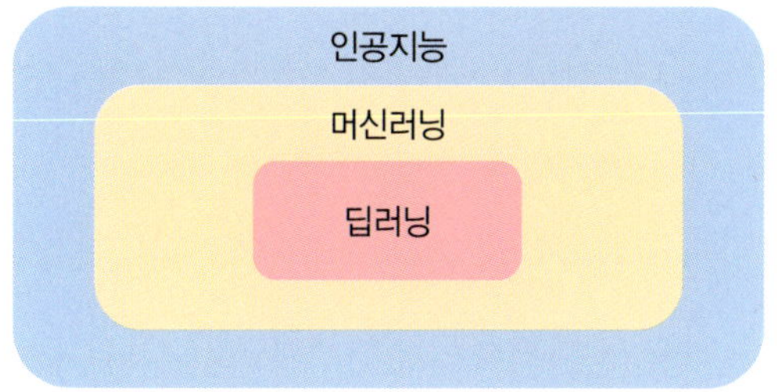

[그림 1-1] 인공지능, 머신러닝, 딥러닝의 포함 관계

먼저, 인공지능에 대해서 살펴보겠습니다.

사람들은 컴퓨터를 인간처럼 똑똑하게 만들어서 힘들고 복잡한 일들을 컴퓨터에게 맡기고, 자신들은 좀 더 편안한 삶을 즐기려는 로망을 실현시키고자 1940~1950년대부터 인공지능에 대해 연구하기 시작했습니다. 즉, 인공지능은 꽤 오랜 시행착오를 거친 연륜 있는 기술 분야로 최근에 등장한 개념이 아닙니다.

인공지능은 인간이 가진 지능을 컴퓨터를 통해 구현하는 기술로 정의할 수 있는데, 문제는 바로 '어떻게'입니다. 이 '어떻게'에 따라서 인공지능은 크게 두 가지 형태로 구분됩니다. '지식기반 인공지능'과 '데이터기반 인공지능'입니다.

첫째, 지식기반 인공지능은 인간이 컴퓨터에 미리 지식을 입력해 두고, 이 지식에 따라서 컴퓨터를 동작시키는 방법입니다. 이러한 지식은 주로 전문가나 책에서 추출됩니다. 둘째, 데이터기반 인공지능은 컴퓨터에 여러 가지 과거 사례(데이터)를 입력시킨 후, 컴퓨터가 이를 스스로 분석해서 규칙을 찾아내도록 합니다. 이러한 인공지능의 두 가지 개발 방법은 사람이 지식을 얻는 방법과도 유사한 부분이 있습니다. 사람도 책이나 전문가가 알려 준 지식을 통해 똑똑해지기도 하지만, 여러 사례를 직접 겪으면서 스스로 지식을 체득하기도 하니까요. 즉, 전자가 '지식기반 인공지능', 후자가 '데이터기반 인공지능'에 해당되는 것입니다.

만약 인공지능을 사용해서 재판의 판결을 내린다면 어떨까요? 지식기반 인공지능은 법전의 지식이나 유능한 판사가 정리해 놓은 규칙에 따라서 판결을 내릴 것입니다. 반면, 데이터기반 인공지능은 지식이 없는 상태에서 시작하여, 컴퓨터가 과거의 수많은 판결 사례로부터 공통된 규칙을 찾아내고 이에 따라서 새로운 사건에 대한 판결을 내립니다.

그렇다면 어떤 인공지능 방법이 그동안 더 좋은 성과를 냈을까요?

데이터기반 인공지능입니다. 지식기반 인공지능을 구현하려면 사람이 지식 또는 규칙을 사전에 추출하고 지속적으로 업데이트해서 시스템에 입력해야 하는데, 이는 대단히 번거롭습니다. 사람이 편하기 위해 인공지능을 만들었는데 편하지 않은 거죠. 게다가 이러한 규칙으로 해결할 수 없는 문제들도 많다 보니 성능도 만족스럽지 않았습니다. 반면, 데이터기반 인공지능은 그동안 축적해 놓은 데이터를 컴퓨터에 입력하기만 하면 컴퓨터가 스스로 패턴이나 규칙을 찾아내니 학습방식이 더욱 편리하고 성능도 좋았습니다.

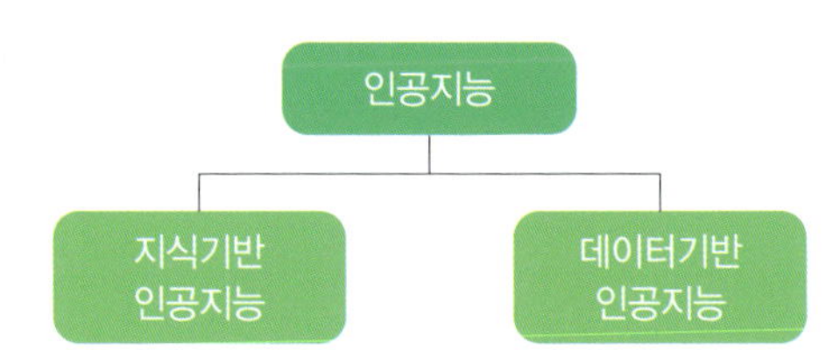

[그림 1-2] 지식기반 인공지능 vs 데이터기반 인공지능

데이터기반 인공지능의 대표적인 형태가 머신러닝입니다. 머신이 '기계'이고 러닝은 '학습'이니 기계(컴퓨터)가 학습을 한다는 의미이며, 학습의 재료는 '데이터'입니다. 컴퓨터가 데이터에 대한 학습을 마치면, 그 결과로 인공지능 '모델'이 만들어집니다. 즉, 모델에

는 컴퓨터가 데이터로부터 찾아낸 규칙이나 패턴이 함축적으로 담겨 있는 것이죠.

컴퓨터가 아직 세상을 잘 모르는 어린아이라고 생각해 보겠습니다. 아이에게 귤과 오렌지의 차이를 알려 줄 때 굳이 각 과일의 특성에 대한 지식을 장황하게 설명할 필요는 없습니다. 실제 과일의 모습을 보여 주면서 "이건 귤이고 이건 오렌지야~."라고 반복해서 알려 주면 아이는 스스로 이를 구분하는 방법을 찾아내죠. 만약 아이가 "주황색이고 작으면 귤이고, 주황색이고 크면 오렌지이구나~." 와 같은 규칙을 알아냈다면 아이의 머릿속에는 귤과 오렌지를 구분하는 '모델'이 만들어진 셈입니다. 이렇게 모델이 생성되면 다음번에 누가 알려 주지 않아도 "이건 오렌지야~." 또는 "이건 귤이야~."라고 구분할 수 있게 되죠.

그렇다면 컴퓨터는 어떤 방법을 사용하여 인공지능 모델을 만들어 내는 것일까요?

이것은 분석하는 사람이 어떤 머신러닝 기법을 선택해서 컴퓨터에 적용했는지에 따라서 달라집니다. 머신러닝은 기계를 학습시키는 모든 기법을 포괄하는 넓은 개념이며, 세부적으로는 다양한 유형의 머신러닝 기법이 존재합니다. 각 기법은 문제의 유형이나 목적, 데이터 특성 등에 따라서 다르게 사용되며 모델을 생성하는 방식도 차이가 있습니다.

따라서 분석하는 사람이 모델을 만들 때 어떤 머신러닝 기법을 사용할지 신중하게 선택해야 합니다. 어떤 머신러닝 기법을 선택하

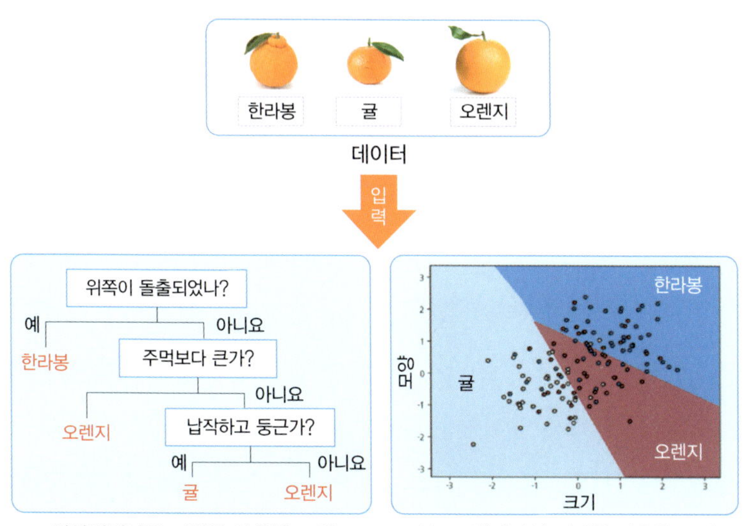

의사결정나무 기법을 사용한 모델   서포트벡터머신 기법을 사용한 모델

[그림 1-3] 머신러닝 기법에 따라 다른 형태의 모델이 생성되는 사례

는지에 따라서 생성되는 모델의 모습과 특성이 완전히 달라지기 때문이죠. 예를 들어, [그림 1-3]과 같이 동일한 과일 데이터를 의사결정나무 기법을 사용하여 입력한 경우 왼쪽과 같은 모델이 만들어지지만, 서포트벡터머신 기법을 사용하면 오른쪽과 같은 전혀 다른 모습의 모델이 만들어지게 됩니다.

딥러닝은 이러한 다양한 머신러닝 세부 기법들 중 하나로, 인간 뇌의 신경망 구조를 모방했다는 점이 특징입니다. 최근 가장 주목받고 있는 머신러닝의 꽃으로 볼 수 있죠.

왜 다양한 머신러닝의 기법 중에서도 유독 딥러닝이 주목받고 있을까요?

[그림 1-4] 개와 고양이 이미지

그 이유는 복잡한 문제를 효과적으로 해결하는 뛰어난 성능과 새로운 콘텐츠를 만들어 내는 창작 기능에서 찾을 수 있습니다.

복잡한 문제의 대표적인 사례로 '이미지 인식'을 생각할 수 있습니다. 딥러닝은 다른 머신러닝 기법들에 비해 압도적인 성능으로 사물의 이미지를 인식할 수 있습니다. 사실, 딥러닝 기법이 유명해진 것도 2012년 이미지넷(ImageNet)이라는 이미지 인식 경진대회에서 제프린 힌튼(Geoffrey Hinton) 교수가 이끈 슈퍼비전 팀이 딥러닝 기법을 사용하여 다른 팀들을 압도적인 성능 차이로 따돌리고 우승한 것이 계기가 되었죠. 이미지넷 경진대회는 세계 여러 연구자가 자신이 개발한 머신러닝 기법을 사용해서 사물의 이미지가 무엇인지 맞추는 능력을 겨루는 대회입니다. 예를 들어, [그림 1-4]의 사진을 보고 왼쪽은 고양이, 오른쪽은 개라고 맞추는 것입니다.

너무 쉬운가요? 네, 사람에게는 쉬울 수 있습니다. 하지만 수많은 사물의 이미지를 정확히 인식하는 것은 컴퓨터에게 대단히 어려운 일입니다. 딥러닝 기법이 사용되기 이전의 이미지 인식 정확도는 73% 수준에 머물렀으니 네 개 중 하나는 틀린 셈이죠. 하지만 딥러닝을 사용하면서 이미지 인식 정확도가 약 85%로 급격히 향상되었고, 이후 딥러닝 기술이 더욱 발전하면서 현재는 인간의 사물인식 정확도를 능가하는 수준이 이르렀습니다.

딥러닝 기법의 또 다른 인기 비결은 생성 또는 창작이 가능하다는 것입니다. 그동안 창작은 인간만이 할 수 있는 고유한 영역으로 여겨졌지만, 딥러닝 기법을 사용하면 인공지능으로 소설을 쓰고 그림을 그리고 노래도 작곡하는 것이 가능해졌습니다. 이렇게 새로운 콘텐츠를 만들어 내는 인공지능 기술을 '생성형 AI'라고 하는데, 생성형 AI가 예술, 의료, 교육 등 사회 각 분야의 혁신을 이끌면서 핵심기술인 딥러닝의 중요성이 더욱 부각된 것이죠.

도대체 딥러닝은 어떤 기법이길래 인간 지능의 영역을 넘나드는 것일까요?

딥러닝 기법은 인간 뇌 속의 신경세포들의 상호작용을 모방해서 작동합니다. 인간의 뇌 속에는 '뉴런'이라는 신경세포들이 거미줄처럼 얽혀서 신경망을 형성하고 있는데, 인간의 지능적 활동은 이들이 서로 연결되어 정보를 주고받으면서 작동하죠. 뇌 속의 뉴런의 수는 무려 860억 개에 이른다고 합니다.

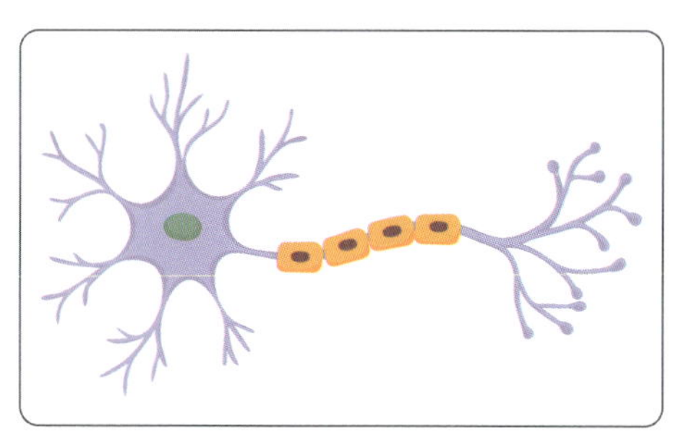

[그림 1-5] 인간 뇌 속의 뉴런

딥러닝은 이를 모방하여 컴퓨터 안에 인공뉴런을 만들고 이들을 연결한 인공신경망을 구성하여 만들어졌습니다. 더 많은 수의 인공

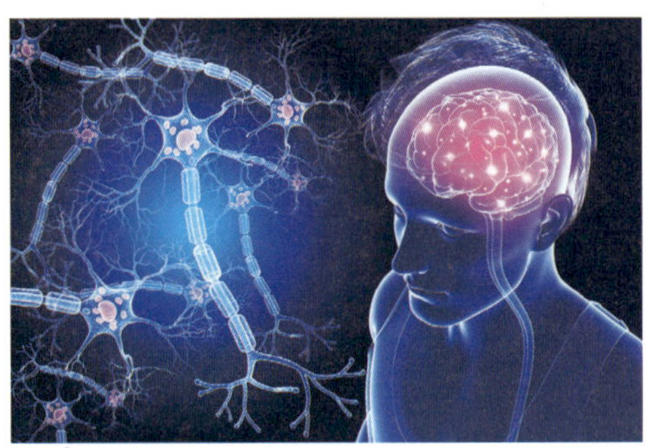

[그림 1-6] 뉴런들이 연결된 신경망

뉴런을 사용하고 더 복잡한 층으로 구성할수록 고도의 지능이 요구되는 복잡한 문제도 잘 해결할 수 있습니다. 요컨대, 딥러닝은 복잡하고 어려운 문제를 해결할 수 있는 딥(Deep)한 신경망, 즉 아주 복잡한 신경망을 의미합니다.

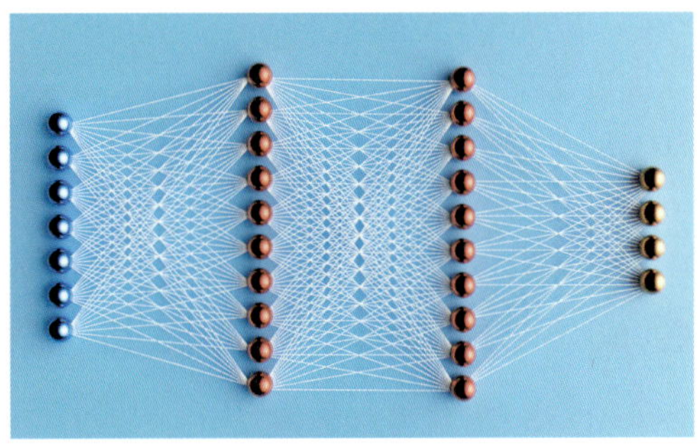

[그림 1-7] 복잡한 문제를 해결하는 딥러닝

딥러닝을 사용한 대표적인 사례로는 이세돌과의 바둑 대결에서 승리했던 인공지능 시스템인 '알파고', 무엇이든 물어보면 답변해 주는 인공지능 챗봇인 '챗GPT', 자율주행 자동차 시스템인 '풀 셀프 드라이빙' 등 다양합니다.

딥러닝은 목적에 따라서 다양한 형태로 세분화되고 있습니다. 가상 인간을 생성하는 딥러닝인 GAN, 이미지 인식을 잘하는 CNN, 자연어 처리를 잘하는 트랜스포머 등 다양한 문제와 목적에 따라서 특화된 구조와 기법으로 발전하면서 점점 더 많은 산업 분야에 적용되고 있죠. 지금 이 순간에도 딥러닝 기술은 진화를 거듭하며 계속 발전하고 있습니다.

2 기계를 학습시키는 세 가지 방법: 지도, 비지도, 강화학습

현재 인공지능 기술 발전을 주도하고 있는 머신러닝은 한국어로 '기계학습'입니다. 즉, 기계가 학습을 한다는 것인데, 기계가 학교를 다니는 것도 아니고 어떻게 학습을 한다는 것일까요?

이제부터 기계를 학습시키는 세 가지 주요한 방식인 지도학습, 비지도학습, 그리고 강화학습에 대해서 살펴보겠습니다.

첫째, 지도학습입니다. 정답, 즉 '레이블'이 포함된 데이터를 사용해서 기계를 학습시키는 방법이죠. 여기서 '지도'는 선생님이 학생을 '지도'한다고 할 때의 지도를 의미합니다.

예를 들어, 선생님이 학생들에게 '대왕판다'와 '레서판다'를 구분하는 방법을 알려 주려면 어떻게 해야 할까요? 선생님은 학생들에게 [그림 2-1]과 같은 사진들을 보여 주며 "이건 대왕판다고 이건 레서판다야~."라고 가르칩니다. 그럼 학생들은 사진 속 동물의 모습과 이름 간 관계를 익히면서 두 동물을 구별하는 방법을 배우게 되죠. 이때 선생님은 반드시 정답을 알고 있어야합니다. 즉, 지도학습을 하려면 정답이 포함된 데이터를 사용해야 합니다.

[그림 2-1] 대왕판다 vs 레서판다

여기서 컴퓨터가 찾아낸 입력과 결과(레이블) 사이의 패턴을 '모델'이라고 하는데, 만약 앞의 사례에서 컴퓨터가 "눈이 까맣고 얼굴이 하야면 대왕판다고, 눈썹이 하얗고 털이 갈색이면 레서판다."와 같은 패턴을 발견했다면 두 동물을 구별하는 '모델'이 만들어진 것입니다([그림 2-2] 참조).

지도학습으로 생성된 모델은 새로운 데이터를 얼마나 정확하게 맞추는지에 따라서 성능이 평가됩니다. 만약 모델이 새로운 동물 이미지 10개 중 7개는 맞히고 3개는 틀렸다면 모델의 정확도는 70%가 되는 것입니다.

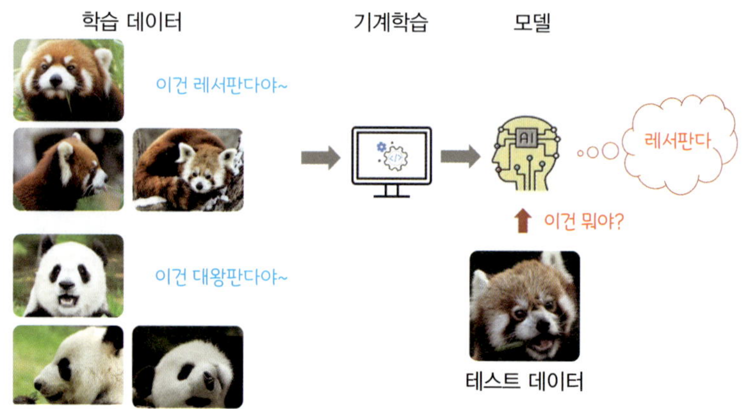

[그림 2-2] 지도학습 과정 및 모델 생성

그렇다면 정답이 없는 데이터로는 컴퓨터를 학습시킬 수 없는 것일까요?

아닙니다. 비지도학습을 사용하면 정답이 없는 데이터를 사용해서도 컴퓨터를 학습시킬 수 있습니다. 만약 선생님이 사진 속 동물들이 무엇인지 정답을 모르고 있다면 어떻게 하죠? 안타깝게도 학생들에게 사진 속 동물의 정확한 명칭을 알려 줄 수 없을 것입니다.

하지만 선생님이 명칭을 지도하지 못한다고 해도 학생들은 동물의 이미지로부터 공통된 패턴을 찾아낼 수 있습니다. 예를 들어, 학생들에게 비슷하게 생긴 동물을 묶어 보라고 하는 것입니다. 그러면 학생들은 모양이나 색깔 등의 특징을 기반으로 두 종류의 동물이 있다는 것을 찾아낼 수 있겠죠 ([그림 2-3] 참조). 이렇게 컴퓨터가 정답이 없는 데이터로부터 규칙이나 패턴을 찾아내는 것이 비지도학습입니다.

[그림 2–3] 비슷하게 생긴 동물끼리 묶기

요컨대, 지도학습은 정답이 있는 데이터를 사용해서 입력과 출력 간 관계를 찾아내는 기계학습 방법이며, 비지도학습은 정답이 없는 데이터 속에 숨겨진 패턴을 찾을 때 유용한 학습 방식입니다.

마지막으로, 강화학습이라는 좀 색다른 형태의 학습 방법을 살펴보겠습니다. 앞의 지도 및 비지도학습과는 달리, 강화학습은 사전에 주어진 데이터셋을 학습하는 것이 아니라 기계가 환경과 상호작용하면서 얻는 경험을 통해서 최적의 행동을 조금씩 학습해 가는 기법입니다.

강화학습 과정은 강아지를 훈련시키는 과정과도 유사한 부분이 있습니다. 처음에 강아지는 주인의 명령을 전혀 알아듣지 못합니다. "앉아."라고 명령해도 뒹굴거나 눕는 등 엉뚱한 행동을 하죠. 그러다가 앉는 행동을 취했을 때 칭찬을 해 주며 간식을 주는 보상을 합니다. 강아지는 자신의 행동과 보상을 기억했다가 다음에 다시 "앉아."라고 명령하면 보상을 받기 위해 앉습니다. 한 번에 완벽하게 배울 수는 없지만, 이러한 과정을 반복하다 보면 결국 강아지는 주인과 의사소통하는 다양한 행동을 배워 가게 됩니다.

이를 기계에 적용하여 기계가 환경과 상호작용하면서 주어진 상황에서 보상을 최대화하는 행동을 하도록 훈련시키는 것이 강화학습입니다. 좀 더 구체적으로 살펴보면, 강화학습은 에이전트, 환경, 상태, 행동, 보상 등 다섯 가지 주요 요소로 구성됩니다. 에이전트는 기계, 환경은 에이전트가 상호작용하는 세계에 해당하며, 상태는 에이전트가 인식하는 주변의 상태를 말합니다. 행동은 에이전트의 행동이며, 보상은 에이전트의 행동에 대한 보상을 의미합니다.

각 요소를 좀 더 쉽게 이해하기 위해서 로봇청소기의 강화학습 사례에 대해서 살펴보겠습니다([그림 2-4] 참조). 에이전트는 로봇청소기입니다. 로봇청소기는 청소할 집의 환경과 상호작용하죠. 그래야 집의 구조나 가구 배치 등을 고려해서 효과적으로 청소할 수 있으니까요. 특히 로봇청소기는 현재 자신을 둘러싼 주변 환경의 상태를 관찰하면서 어떻게 행동할지 결정합니다. 자신이 위치한 주변

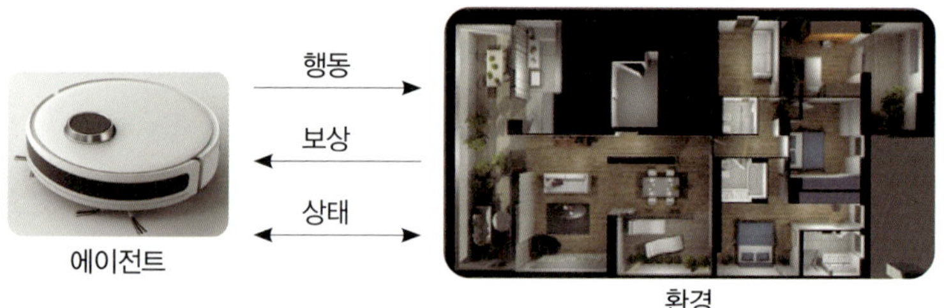

[그림 2-4] 강화학습의 구성요소

의 가구나 장애물, 먼지 분포 등을 살피면서 어디로 이동할지 또는 얼마나 강하게 먼지를 흡입할지 등의 행동을 결정합니다.

이때 에이전트의 행동에 따라서 주변의 상태는 바뀌게 됩니다. 청소가 잘 되었다면 주변의 먼지량이 줄어들겠지만, 반면 방향을 잘못 틀었거나 같은 곳만 반복해서 청소하였다면, 여전히 주변은 먼지가 많은 지저분한 상태일 것입니다. 만약 로봇청소기의 행동으로 청소 상태가 좋아지면 로봇청소기는 보상을 받습니다. 마치 게임에서 적절하게 행동하면 점수를 따는 것처럼 말이죠. 반면, 청소 후에도 먼지가 남아 있거나 가구에 부딪치는 등 행동에 대한 결과가 좋지 못하다면 오히려 점수를 잃어버릴 수도 있습니다. 즉, 로봇청소기의 행동에 따라 환경의 상태가 바뀌게 되고, 이에 따라서 로봇청소기에게 주어지는 보상이 달라지는 것입니다.

로봇청소기는 이러한 보상시스템을 통해서 어떠한 상황에서 어떻게 행동하는 것이 최적인지를 점차 학습해 갑니다. 청소는 한 번의 행동으로 끝나는 것이 아니라 청소기가 방향을 틀고 이동하면서 먼지를 흡입하는 행동을 여러 번 반복해야 하니, 학습이 반복될수록 점점 더 효율적인 청소 경로와 전략을 터득하게 됩니다.

강화학습이 잘 작동하려면 보상 시스템 설계가 중요한데, 이는 사람, 즉 개발자의 역할입니다. 그리고 목표를 효과적으로 달성하려면 학습의 중간 과정에서 주어지는 '중간 보상'과 최종 결과에 따라 주어지는 '최종 보상'을 함께 마련하는 게 좋습니다.

중간 보상은 에이전트의 행동에 대한 결과에 따라서 주어지는 중

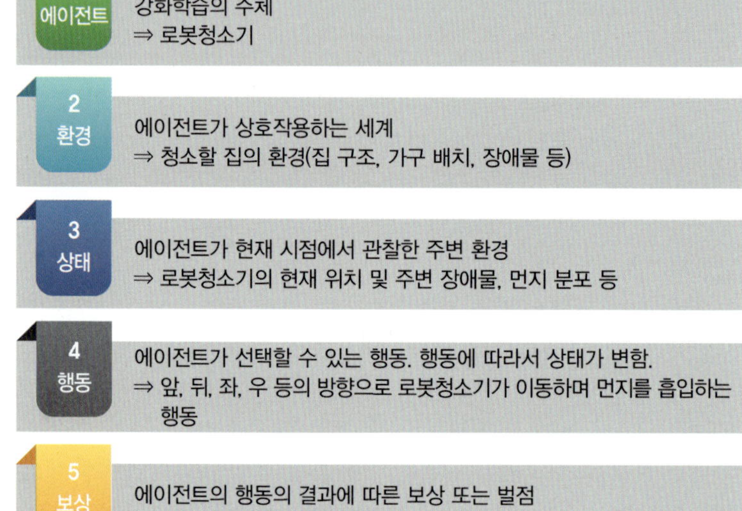

[그림 2–5] 로봇청소기의 강화학습 사례

간 단계의 보상으로, 목표에 효과적으로 도달할 수 있도록 에이전트의 행동을 올바른 방향으로 유도하는 역할을 합니다. 반면, 최종 보상은 궁극적인 목표를 달성했을 때 주어지는 보다 큰 보상을 의미하죠.

아이에게 말을 가르칠 때도 중간 보상과 최종 보상은 필수적입니다. 아이가 문장을 완벽하게 구사해야만 보상을 주는 것이 아니라, 띄엄띄엄 어설프게 말을 해도 사탕을 한 알씩 쥐어 주면 아이는 어떤 방식이 맞는지에 대한 힌트를 얻고 신이 나서 더 열심히 학습하게 되죠. 이것이 중간 보상입니다. 그러다가 완벽한 문장을 구사하게 되면 사탕을 두 배로 쥐어 주고 열렬히 칭찬하며 최종 보상을 하는 것입니다. 만약 나쁜 말을 한다면 줬던 사탕을 뺏을 수도 있습니다. 그러면 아이는 사탕을 빼앗기는 처벌을 받지 않기 위해 부정적인 말을 피하게 됩니다. 이러한 보상시스템을 잘 이용해서 학습하면 어느 순간 아이도 어른처럼 완벽한 언어를 구사할 수 있게 될 것입니다.

이러한 강화학습은 지도학습이나 비지도학습이 해결하기 어려운 복잡한 환경에서 기계가 최적의 행동을 배우는 데 효과적일 뿐만 아니라, 초기 데이터가 준비되지 않아도 에이전트가 환경과 상호작용하여 스스로 데이터를 생성하고 학습할 수 있다는 장점이 있습니다. 또한 환경의 변화에 따라 에이전트는 새로운 행동을 배우며 적응할 수도 있습니다.

지금까지 기계를 학습시키는 세 가지 방법인 지도학습, 비지도학습, 그리고 강화학습에 대해서 살펴보았습니다. 성공적인 기계학습을 위해서는 각 기법의 특징을 잘 이해하여 목적과 상황에 맞는 학습 방법을 선택하여 사용하는 것이 필요합니다.

또한 여러 학습 방법을 함께 적용하여 문제를 해결할 수도 있습니다. 예를 들어, 이세돌과의 바둑 대결에서 승리한 인공지능 바둑 프로그램인 알파고는 지도학습과 강화학습을 모두 사용하여 모델을 훈련시킨 대표적인 사례로 볼 수 있습니다.

우선 알파고는 지도학습을 통해서 인간 프로 기사들의 과거 기보 데이터 약 16만 개를 학습하여 인간이 바둑을 두는 다양한 방식과 규칙, 전략 등을 배웠습니다. 이후 강화학습을 통해 자기 자신과의 대국을 반복하면서 인간 게임 방식에서는 널리 고려되지 않은 새로운 전략들까지 훈련하였죠. 즉, 지도학습과 강화학습을 결합하여 학습효과를 극대화함으로써 세계 바둑 챔피언을 능가하는 최고 수준에 도달한 것입니다. 이 사례를 통해 문제의 특성에 맞는 학습 기법을 적용하고 적절히 결합하는 능력이 얼마나 중요한지를 알 수 있습니다.

이번에 배운 지도학습, 비지도학습, 강화학습은 기계가 데이터를 통해 학습하는 방식을 큰 틀에서 살펴보았습니다. 각 학습 방식은 보다 세분화된 다양한 기법과 알고리즘을 포함하고 있기 때문에, 다음에는 보다 세부적인 머신러닝 기법들에 대해서 살펴보도록 하겠습니다.

[그림 2-6] 지도, 비지도, 강화 학습

3 목적에 맞게 골라 쓰는 인공지능 기법들

이제부터 머신러닝의 대표적인 기법들에 대해서 살펴보겠습니다. 앞서 배운 머신러닝의 세 가지 학습 방법인 지도학습, 비지도학습, 강화학습 안에는 다양한 세부 기법이 존재합니다. 하나의 기법만 배워서 모든 문제를 해결할 수 있다면 정말 좋겠지만, 세상에 만병통치약이 없듯이, 각 머신러닝 기법의 특성이 서로 다르기 때문에 목적과 상황에 맞는 기법을 선택해서 사용해야 합니다. 마치 딱딱한 나무를 자를 때에는 전기톱이 효과적이지만, 종이를 자를 때에는 가위가 나은 것처럼 말이죠.

전기톱으로 나무 자르기

전기톱으로 종이 자르기

[그림 3-1] 목적에 맞는 도구를 사용해야 하는 이유

각 학습형태에 따른 머신러닝 기법들을 전체적으로 살펴보겠습니다([그림 3-2] 참조).

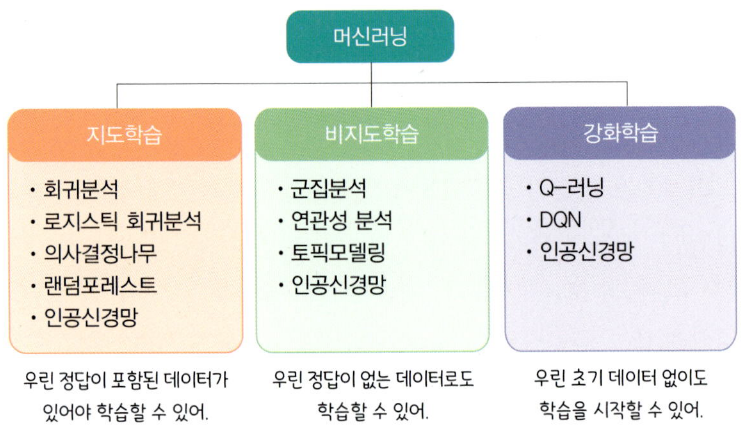

[그림 3-2] 학습형태에 따른 머신러닝 기법들

첫째, 지도학습을 수행하는 머신러닝 기법으로는 회귀분석, 로지스틱 회귀분석, 의사결정나무, 랜덤포레스트, 인공신경망 등이 있습니다. 이 기법들은 특정한 값을 예측하거나 분류하는 것을 목적으로 합니다. 예를 들어, 내일 주가지수가 얼마인지 예측하거나, 신생기업이 1년 후에 파산할지 아닐지를 분류하는 문제에 사용될 수 있죠. 이러한 지도학습 기법들은 정답이 포함된 데이터가 있어야 학습할 수 있습니다.

둘째, 비지도학습을 수행하는 기법으로 군집분석, 연관성 분석, 토픽모델링, 인공신경망 등이 있습니다. 이 기법들은 예측이나 분류가 목적이 아니라, 데이터 내부의 특징을 찾는 것을 목적으로 합니다. 따라서 데이터에 정답이 없어도 학습이 가능합니다. 예를 들어, 비슷한 고객군을 묶는다든가, '오징어가 팔리면 맥주도 함께 잘 팔린다.'와 같은 패턴을 찾는 것이지요.

마지막으로, 강화학습을 수행하는 머신러닝 기법으로는 Q-러닝, DQN, 인공신경망 등이 있습니다. 강화학습 기법들은 초기에 데이터가 없더라도 시행착오를 거치며 스스로 데이터를 축적하며 학습할 수 있습니다. 예를 들어, 미로찾기에서 어떤 상황에서는 왼쪽으로 갔더니 막다른 길이였고, 위쪽으로 갔더니 새로운 길이 나타났다는 등의 경험을 데이터로 축적하여, 다음 경로를 탐색하는 데 활용하는 것입니다.

이제부터 각 머신러닝 기법별 특징을 좀 더 자세히 살펴보겠습니다. 특히 챗GPT에서 바로 분석해서 결과를 확인할 수 있는 주요 기법들을 중심으로 설명하겠습니다. 머신러닝 기법들이 매우 다양하다 보니 여러 기법을 한번에 모두 이해하기는 어려울 수 있습니다. 하나씩 학습한 후, 제2부의 '챗GPT로 만드는 머신러닝 모델'로 넘어가서 해당 모델을 직접 만들어 보는 실습을 수행하고 다음, 기법을 공부하는 것을 추천합니다.

1) 지도학습

(1) 회귀분석

회귀분석은 19세기 후반에 태어난 오래된 기법으로 통계적 기법에 기반하고 있습니다. 특기는 연속적인 숫자를 예측하는 것입니다. 예를 들어, 집의 크기와 집값 간의 관계를 생각할 수 있습니다. 같은 지역이라면 보통 집의 크기가 클수록 집값이 비싸겠죠. 때로는 작은 집이 비싼 경우도 있고 큰 집이 저렴하게 팔리는 경우도 있지만, 대체로 집의 크기가 클수록 집값이 비싼 경향성이 있을 것입니다. 회귀분석은 이 경향성을 대표할 수 있는 '회귀식', 즉 선을 찾아서 예측을 수행하는 방법입니다. 예를 들어, 사용자가 집의 크기가 150m²라고 입력하면, 회귀식이 이 집의 적정가는 7억 8천만 원

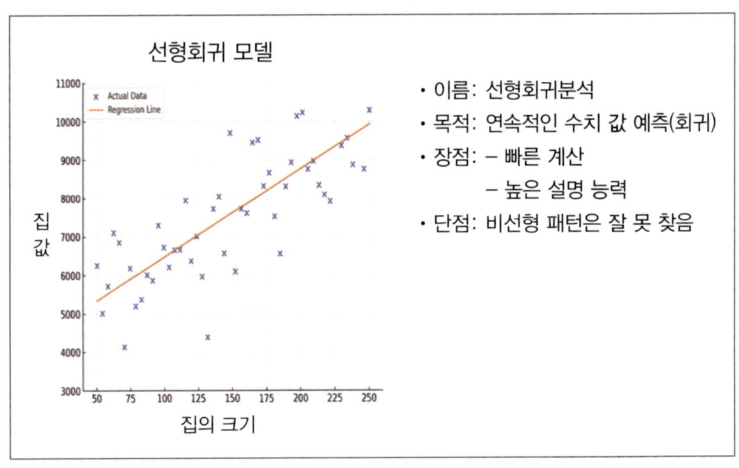

[그림 3–3] 선형회귀분석의 특징

이라고 답변할 수 있도록 말입니다.

회귀분석의 장점은 빠른 계산과 높은 설명 능력입니다. 회귀분석은 데이터를 빠르게 학습해서 회귀식을 만들어 낼 수 있으며, 회귀식이 결과를 도출하는 시간도 짧습니다. 또한 각 입력 요인이 결과에 어떠한 영향을 미치는지 회귀식에 명확하게 나타나기 때문에 모델의 의미를 해석하기도 쉽죠.

반면, 회귀분석은 복잡한 패턴은 잘 찾아내지 못한다는 단점이 있습니다. 회귀분석은 기본적으로 변수들 사이에 선형의 상관관계가 있다고 가정하고 모델을 만들기 때문에 복잡한 비선형 관계는 잘 찾아내지 못합니다.

회귀분석 모델을 만드는 방법은 제2부 '7. 회귀분석: 광고비로 매출 예측하기'에 수록되어 있습니다.

(2) 의사결정나무

의사결정나무는 조건에 따라서 데이터를 반복적으로 나누어 가면서 분류 또는 수치를 예측하는 기법입니다. 생성된 모델이 마치 거꾸로 뒤집어진 나무의 모습을 닮아서 의사결정나무라고 불립니다. 위쪽에서 뿌리로 시작해 내려가면서 가지를 뻗고 마지막에는 잎사귀로 이어지는 모습과 같습니다. 의사결정나무는 분류 또는 수치 예측을 모두 해낼 수 있지만, 분류의 문제를 해결하는 데 더 좋은 성능을 보입니다.

의사결정나무의 장점은 모델 수립 및 결과 도출 시간이 비교적

짧고, 모델을 쉽게 이해할 수 있다는 점입니다. 또한 데이터 속의 비선형 패턴도 효과적으로 찾아낼 수 있습니다.

의사결정나무의 모습을 곰곰이 살펴보면, 별다른 설명이 없어도 모델의 의미를 해석할 수 있을 만큼 이해하기 쉽습니다. 그럼 정말 쉬운지 확인해 볼까요?

[그림 3-4]에 제시된 의사결정나무 모델은 동물을 분류하고 있는데, 이를 잘 살펴만 봐도 어떻게 동물의 종류가 분류되고 있는지 이해할 수 있습니다.

우선, 동물들을 "색상이 노란색인가?"라는 기준으로 분할하면, 왼쪽 가지는 '기린'과 '치타', 오른쪽 가지는 '코끼리'와 '원숭이'로 나눠

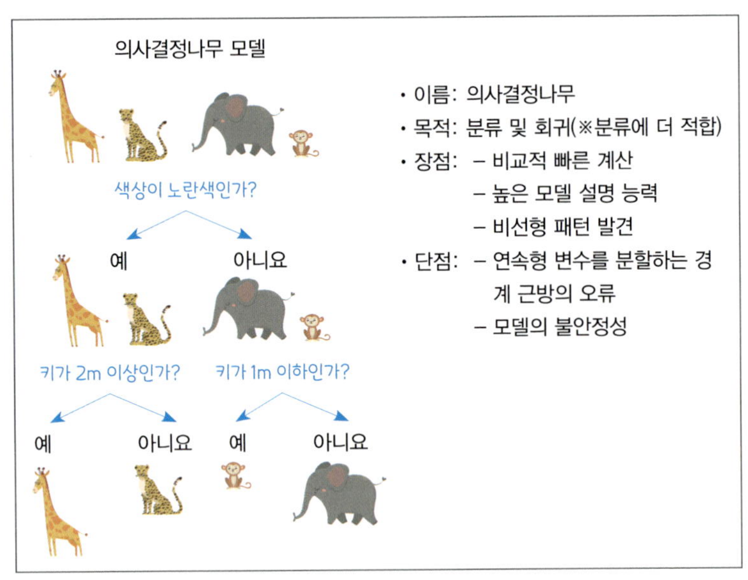

[그림 3-4] 의사결정나무의 특징

집니다. 다음으로, 왼쪽의 노란색 동물을 대상으로 "키가 2m 이상인가?"라는 기준을 적용하면 2m 이상인 '기린'과 2m 미만인 '치타'로 각각 분류됩니다. 유사하게 우측의 노란색이 아닌 동물들을 "키가 1m 이하인가?"라는 기준으로 다시 분할하면 1m 이하인 '원숭이'와 1m를 넘는 '코끼리'로 각각 분류됩니다. 이로써 의사결정나무 모델은 데이터에 포함된 네 가지 동물인 기린, 치타, 코끼리, 원숭이를 각각 분류할 수 있게 되죠.

의사결정나무는 여러 장점이 있지만, 모델의 불안정성과 분할 근방에서의 오류가 높다는 단점이 있습니다. 즉, 의사결정나무 기법은 데이터가 조금만 달라져도 생성된 모델의 구조가 크게 달라질 수 있고, 수치형 변수를 분할하는 기준 근처에서 오류가 많이 발생하기도 합니다. 예를 들어, [그림 3-4]의 의사결정나무 오른쪽 하단의 "키가 1m인가?"를 기준으로 동물을 분할할 때, 1m에 다소 미치지 못하는 아기코끼리들이 원숭이로 분류되기도 하고, 반면 1m를 약간 넘는 덩치 큰 원숭이들은 코끼리로 잘못 분류될 수도 있습니다.

의사결정나무 모델을 만드는 방법은 제2부 '8. 의사결정나무: 연인의 결별 여부 예측하기'에 수록되어 있습니다.

(3) 랜덤포레스트

랜덤포레스트는 서로 다른 여러 개의 의사결정나무 모델을 만든 후, 각 나무들의 결과를 취합해서 결론을 내리는 머신러닝 기법입니다.

왜 그냥 하나의 의사결정나무 모델로 결과를 도출하지 않고, 번

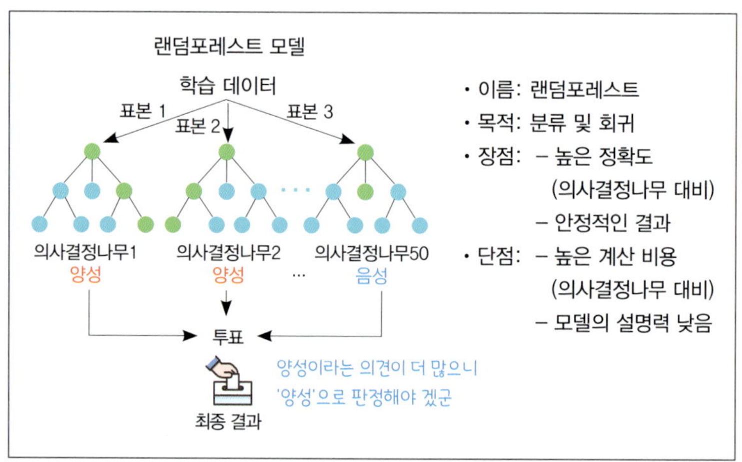

[그림 3–5] 랜덤포레스트의 특징

거롭게 수십~수백 개의 의사결정나무를 만든 후 다시 그 결과들을 취합해서 최종 결과를 도출하도록 했을까요?

이는 랜덤포레스트 방식이 하나의 의사결정나무로 예측을 수행할 때보다 대부분 더 안정적이고 우수한 성능을 도출하기 때문입니다. 마치 한 명의 전문가 의견에 따라서 결정을 내리는 것보다 여러 명의 집단지성에 따라서 결론을 도출했을 때, 대체로 더 좋은 결과를 얻는 것처럼 말입니다.

그런데 동일한 하나의 데이터로 어떻게 서로 다른 여러 의사결정나무 모델을 만들 수 있을까요?

이는 각 나무를 학습시킬 때 전체 데이터를 사용하지 않고, 이 중에서 일부 표본*을 무작위로 추출하거나 일부 변수만 뽑아서 사용

* 표본: 전체 데이터에서 일부분만 추출해서 만들어진 하위집합.

하면 가능합니다. 여기서 무작위 표본추출이란 로또 번호를 추출할 때처럼 특정한 규칙 없이 우연에 따라서 표본을 선택하는 것을 의미합니다. 로또 당첨번호가 매번 다르듯이, 각 표본도 매번 다르게 구성됩니다. 따라서 서로 다른 표본으로 학습된 의사결정나무 모델이 각기 다른 것이죠.

랜덤포레스트는 이렇게 만들어진 의사결정나무들의 결과를 취합해서 최종 결과를 냅니다. 예를 들어, 랜덤포레스트가 50개의 서로 다른 의사결정나무를 만들었고, 이들 중 40개 나무가 '양성'이고 10개 나무가 '음성'이라는 결과를 냈다면, 랜덤포레스트는 다수결에 따라서 '양성'이라고 결론을 내립니다.

랜덤포레스트는 분류와 회귀의 문제를 모두 해결할 수 있고, 의사결정나무를 사용하는 것보다 높은 성능을 도출하는 경우가 많다는 장점이 있습니다.

하지만 여러 개의 의사결정나무를 만들어서 결과를 도출하기 때문에 상대적으로 계산비용이 많이 들고, 학습시간도 의사결정나무에 비해 오래 소요됩니다. 또한 모델의 설명 능력이 낮다는 단점이 있습니다. 하나의 모델로 결과를 도출한 것이 아니기 때문에 명확히 최종 결과를 해석하기는 어렵고, "여러 의사결정나무 결과를 다수결로 취합해서 결정했어." 정도의 설명만 가능합니다.

랜덤 포레스트 분석을 수행하는 방법은 제2부 '9. 랜덤포레스트: 의사의 진료 없이 심장병 진단하기'에 수록되어 있습니다.

(4) 인공신경망

인공신경망은 사람의 뇌에서 뉴런들이 서로 연결되어 정보를 주고받는 모습을 흉내 낸 머신러닝 기법입니다. 뇌 속의 신경세포인 뉴런을 모방하여 인공뉴런들을 만들고, 이들을 서로 연결해 인공신경망을 구성한 것이지요. 이때 인공신경망은 더 많은 수의 인공뉴런으로 정교하게 연결될수록 복잡한 문제를 더 잘 해결합니다. 최근 큰 인기를 얻고 있는 딥러닝은 인공신경망을 더 깊고 복잡하게

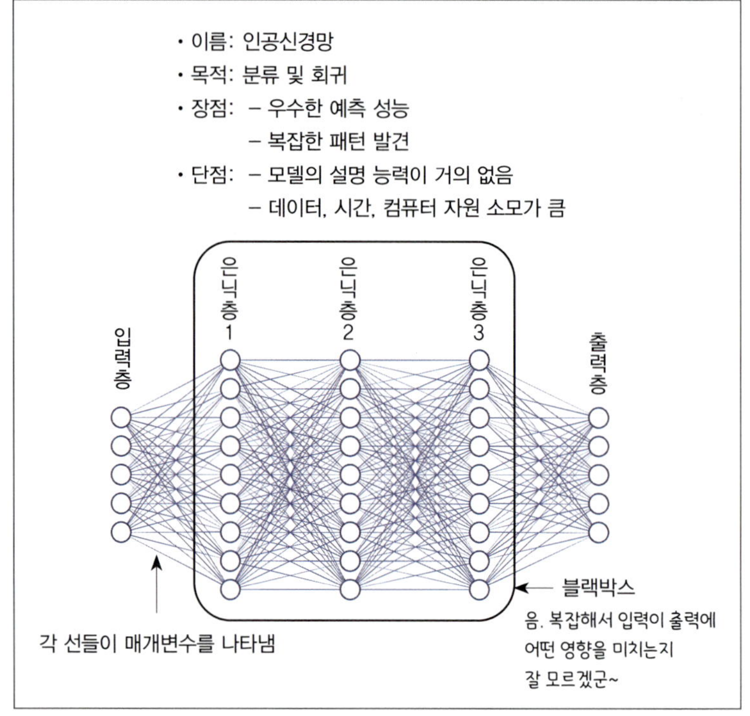

[그림 3–6] 인공신경망의 특징

구성한 진화된 형태로 볼 수 있습니다.

인공신경망은 지도학습, 비지도학습, 강화학습 등 다양한 학습방식에 활용될 수 있는데, 대부분 지도학습에서 사용됩니다.

인공신경망은 복잡한 패턴을 찾아내는 데 대단히 우수한 성능을 보이며, 데이터를 더 많이 학습할수록 성능이 비약적으로 좋아집니다. [그림 3-7]은 학습 데이터의 크기에 따른 기존 머신러닝 기법들과 인공신경망 계열 기법들 간 성능의 차이를 비교하여 나타냅니다. 소규모 데이터에서는 기존의 머신러닝 기법들이 인공신경망보다 오히려 우수한 성능을 도출하기도 하지만, 학습 데이터의 규모가 커질수록 인공신경망 계열 기법들의 성능이 급격히 향상되며 다른 기법들을 압도하는 모습을 볼 수 있습니다. 이는 데이터가 풍부한 빅데이터 시대에 딥러닝을 포함한 인공신경망 계열 기법들이 각광받는 이유이기도 하죠.

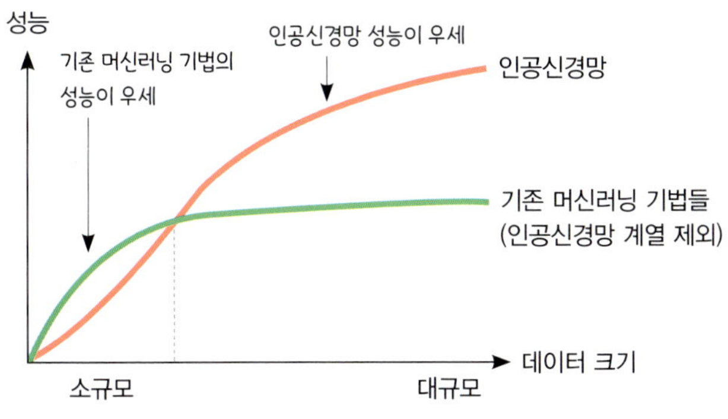

[그림 3-7] 데이터 크기에 따른 인공지능 기법 별 성능*

* Tanmay Shimpi (2019).

인공신경망 기법의 단점은 설명 능력이 부족하다는 것입니다. 마치 어떤 똑똑한 친구가 문제를 잘 풀긴 하는데, 왜 그렇게 풀었냐고 물어보면 이유를 잘 설명하지 못하는 것과 유사합니다. 인공신경망 모델은 뉴런들을 서로 연결하고 있는 수많은 선의 적절한 값(파라미터)을 찾아서 결과를 도출하는 방식으로, 모델이 결론을 도출한 이유를 논리적으로 설명하기 어렵습니다. 이러한 특성으로 인공신경망 계열의 기법들은 '블랙박스'에 비유되기도 하죠. 그 외 다른 머신러닝 기법들에 비해 학습에 더 많은 데이터, 시간, 컴퓨터 자원을 필요로 한다는 점도 고려해야 합니다.

인공신경망 분석을 수행하는 방법은 제2부 '10. 인공신경망: 손글씨를 자동으로 인식하기'에 수록되어 있습니다.

2) 비지도학습

(1) 군집분석

다음으로, 비지도학습을 사용하는 군집분석에 대해서 알아보겠습니다. 군집분석은 유사한 특성을 갖는 데이터들을 그룹으로 묶는 것입니다.

그런데 왜 데이터를 묶을까요?

데이터의 양이 많아질수록 개별 데이터를 하나씩 살펴보기가 어렵습니다. 하지만 데이터를 몇 개의 유사한 군집들로 나누면, 각 군집의 특성을 이해하고 이에 따른 의사결정을 내리기 쉬워지기 때문이죠. 예를 들어, 기업이 모든 고객의 개별적인 특성을 고려해서 서비스를 제공하기는 어렵지만, 고객들을 몇 개의 군집으로 묶으면 각 군집별로 맞춤화된 서비스를 제공하기 한결 쉬워집니다.

군집분석도 세부적 다양한 하위 알고리즘이 있는데, 여기서는 대표적인 군집분석 방법인 'k-means 클러스터링(clustering)'에 대해 설명하겠습니다.

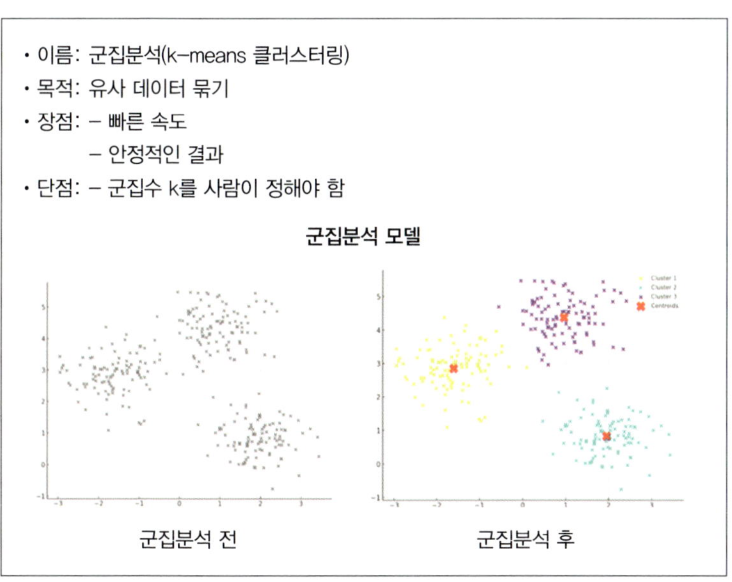

[그림 3-8] k-means 클러스터링의 특징

k-means 클러스터링은 사람이 전체 데이터를 몇 개의 군집으로 나눌지에 대한 군집 수(k)를 미리 설정합니다. 그러면 이 기법이 알아서 k개의 초기 중심점을 정한 후, 각 데이터를 가장 가까운 중심

점에 속하도록 군집화합니다. 이후 다시 중심점의 위치를 조정하고 이를 기준으로 데이터를 군집화하는 과정을 반복합니다. [그림 3-8]은 k를 3으로 설정했을 때, 세 개의 중심점 주변 데이터들이 군집화된 모습을 나타내고 있습니다.

k-means 클러스터링의 장점은 계산속도가 빠르고, 결과 해석이 직관적이라는 것입니다. 군집이 중심점에서의 거리를 기반으로 묶여지기 때문에, 각 군집별 중심점의 특징을 살펴보면 해당 군집의 특성을 이해하기 용이하죠. 하지만 적절한 군집 수를 한 번에 정하기 어려울 수 있고, 초기 중심점에 따라서 결과가 크게 달라질 수도 있어, k값을 바꿔 가며 반복적으로 군집분석해야 좋은 결과를 얻을 수 있습니다.

군집분석을 수행하는 방법은 제2부 '11. 군집분석: 휴대 전화 통화 패턴에 따른 고객군 세분화하기'에 수록되어 있습니다.

(2)토픽모델링

비지도학습의 두 번째 기법으로 '토픽모델링'을 소개하겠습니다. 토픽모델링은 텍스트 데이터에 숨겨진 주제를 찾아내는 머신러닝 기법입니다. 수많은 문서를 직접 읽지 않고도 핵심 주제들을 파악하고 싶을 때 활용하면 효과적인 기법입니다.

토픽모델링의 목적은 대량의 문서에서 숨겨진 주제를 자동으로 추출하는 것입니다. 토픽모델링을 사용하면 문서들 속의 각 주제를 구성하는 핵심 단어들이 무엇인지 파악할 수 있고, 또한 문서별로

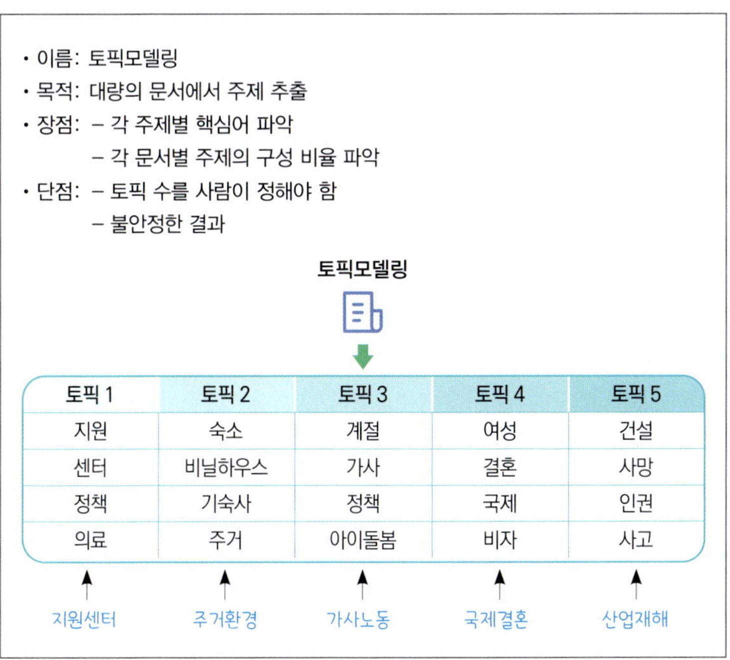

토픽 1	토픽 2	토픽 3	토픽 4	토픽 5
지원	숙소	계절	여성	건설
센터	비닐하우스	가사	결혼	사망
정책	기숙사	정책	국제	인권
의료	주거	아이돌봄	비자	사고

[그림 3-9] 토픽모델링

특정 주제들을 어느 정도 비중으로 다루는지도 파악할 수 있습니다. 예를 들어, [그림 3-9]는 '외국인 노동자'라는 검색어로 검색된 뉴스 기사들에 대한 토픽모델링 결과를 나타내고 있습니다. 외국인 노동자와 관련된 다섯 가지 주제가 추출된 것을 볼 수 있으며, 이 주제들을 구성하는 핵심 단어가 무엇인지도 확인할 수 있죠. 토픽 1을 살펴보면, '지원' '센터' '정책' '의료' 등이 핵심 단어들로 도출되었는데, 이는 분석한 뉴스들이 외국인 노동자에 대한 의료지원센터와 관련된 주제를 다루고 있음을 나타냅니다.

이때 토픽모델링에서 추출할 토픽의 개수는 사용자가 직접 설정해야 하며, 결과로 도출된 토픽들의 이름도 사용자가 토픽에 포함된 핵심 단어를 살펴보고 직접 붙여 줘야 합니다. 그 외 토픽모델링은 무작위성이 있어서 실행될 때마다 결과가 다르게 나올 수 있으므로, 여러 번 토픽모델링을 실행한 결과를 비교분석하면서 원하는 결과를 찾아가는 것이 좋습니다.

토픽모델링을 수행하는 방법은 제2부 '12. 토픽모델링: 수천 개의 뉴스 기사를 주제별로 자동 구분하기'에 수록되어 있습니다.

지금까지 다양한 머신러닝 기법들의 특징을 살펴보았습니다. 이러한 기법들은 챗GPT를 활용하여 어렵지 않게 직접 분석에 활용할 수 있으므로, 이번 내용의 실습 예제를 다루는 제2부의 '챗GPT로 만드는 머신러닝 모델'의 실습을 따라 하며 실무 역량을 향상하기를 바랍니다.

4 인공지능 모델의 개발 단계

인공지능계의 유명한 격언 중 "쓰레기가 들어가면 쓰레기가 나온다."라는 말이 있습니다. 형편없는 데이터를 입력하면 제 아무리 좋은 머신러닝 기법을 사용해도 쓸모없는 결과가 나온다는 말이죠. 머신러닝 분석에 있어서 데이터가 얼마나 중요한 역할을 하는지 잘 알 수 있는 문구입니다.

좋은 인공지능 모델을 만들기 위해서는 양질의 데이터를 수집하고 이를 분석에 적합한 형태로 전처리 하는 준비하는 과정이 필요합니다. 또한 모델이 만들어진 후에는 성능을 평가하며 더 좋은 모델로 업데이트하는 과정도 필요하죠. 즉, 인공지능 모델은 바로 만들 수 있는 것이 아니라 차근차근 단계를 거쳐야 합니다.

이제부터 데이터 수집부터 인공지능 모델을 만들고 성능을 평가하기까지 전체적인 과정에 대해서 살펴보겠습니다. 학습 방법에 따라서 이러한 과정에 차이가 있으므로 지도학습을 기준으로 설명하겠습니다. 데이터 수집, 데이터 전처리, 모델 생성, 모델 평가 등 총 네 단계로 구성되는데, 각 단계를 하나씩 살펴보겠습니다 ([그림 4-1] 참조).

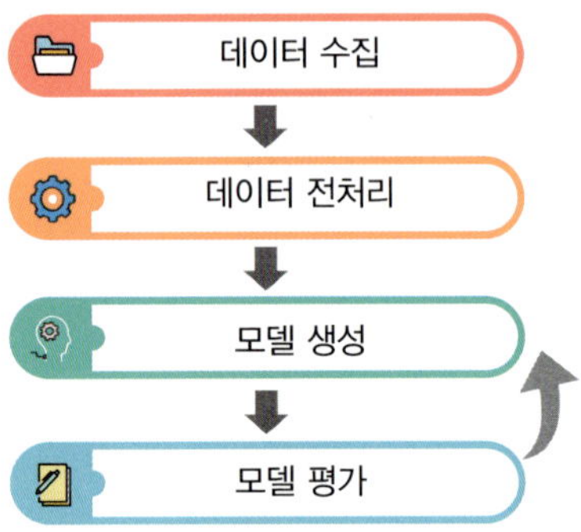

[그림 4-1] 인공지능 모델의 개발 단계

1) 1단계: 데이터 수집

인공지능 모델을 만들기 위한 첫 번째 단계는 '데이터 수집'입니다. 목적에 맞는 데이터를 수집하는 단계죠. 음식을 만들 때 어떤 음식을 요리할지에 따라서 재료가 달라지듯이 목적에 따라서 필요한 데이터가 달라지게 됩니다.

데이터를 확보할 수 있는 원천 소스는 기업의 데이터베이스, 웹사이트, 소셜미디어, API, IoT센서, 설문조사, 저서 등에 이르기까지 매우 다양합니다. 때로는 데이터를 공유하는 캐글*과 같은 데이터 플랫폼에서 이미 수집된 데이터를 가져와 활용하기도 합니다.

----

* 캐글(https://www.kaggle.com/): 머신러닝을 위한 데이터 및 방법을 공유하는 온라인 플랫폼.

[그림 4-2] 데이터 수집

　목적에 맞는 데이터를 수집하는 것은 시간과 비용이 소요되는 만만치 않은 작업이라 인공지능 모델 개발의 걸림돌이 되기도 합니다. 특히 대량의 데이터를 수집해야 하는 경우는 더욱 그렇죠.

　최근에는 이러한 데이터 수집의 어려움을 해소하는 방법 중 하나로, 가상 데이터를 활용하기도 합니다. 가상 데이터는 디지털 환경에서 인위적으로 만들어진 데이터로, 실제와 무관한 가짜 데이터일 수도 있지만 실제 데이터의 통계적 특성을 모방하여 비슷하게 만들어진 합성 데이터일 수도 있습니다. 이러한 가상 데이터는 개인정보보호 문제로부터 자유롭고, 특정 상황을 가정하여 만들 수도 있기 때문에 실제 데이터를 수집하기 어려운 경우에 유용합니다.

2) 2단계: 데이터 전처리

데이터 수집을 마치면, 데이터를 분석에 적합한 형태로 변환해야 합니다. 처음 수집된 데이터는 소위 '더러운' 경우가 많습니다. 표현이 좀 과격한가요? 하지만 이 '더러운 데이터'라는 말은 머신러닝에서 흔히 사용되는 표현입니다. 수집된 데이터에는 오류가 있거나 중복된 값이 포함되기도 하고, 미응답 등으로 인해 데이터 값이 누락되었거나, 또는 불가능한 값이 기재된 경우가 있기 때문입니다.

그 외에도 데이터의 형태 및 범위가 분석에 적합하지 않은 경우도 많습니다. 머신러닝 기법들 중에는 특정한 형태의 자료형만 처리할 수 있는 것들이 있는데, 수집된 자료형이 이에 맞지 않으면 분석할 수 없습니다. 예를 들어, 회귀분석은 수치형 자료만 분석할 수 있는데, 데이터가 성별, 직업과 같은 명목형이라면 수치형으로 변환해야 사용할 수 있습니다.

다음으로, 데이터 전처리 단계에서 수행하는 몇 가지 주요 작업들을 소개하겠습니다.

첫째, 결측치 처리입니다. 결측치란 데이터 값이 누락된 것을 의미합니다. 이러한 결측치는 어떻게 처리하면 좋을까요?

대표적으로 두 가지 방법이 자주 사용됩니다. 하나는 결측치가 포함된 속성 또는 데이터를 아예 제거해 버리는 것입니다. 예를 들어, [그림 4-3]의 왼쪽 데이터처럼 '연봉'이란 속성에 결측치가 많이 포함되어 있다면 '연봉' 속성 전체를 삭제하는 것이죠. 다른 하나는 결측치를 다른 값으로 대체하는 방법입니다. 결측치가 포함된 행 또는 열을 모두 삭제해 버리면 데이터 손실이 크니 결측치를 다른 값으로 대체해서 사용하는 방법입니다. 예를 들어, [그림 4-3] 의 오른쪽처럼 결측치를 평균 연봉값으로 대체할 수 있겠죠. 결측치 대체 값으로는 평균, 중앙값, 최빈값 등이 많이 사용됩니다.

그 외 측정 오류나 데이터 입력 오류 등으로 인해 발생하는 비현실적인 데이터인 이상치도 전처리 단계에서 삭제해야 합니다. 만약 나이가 300세로 기재되었다면, 이는 불가능한 수치로 이상치에 해당하며 분석 결과를 왜곡시키므로 제거해야 합니다. 하지만 단순히 정상적인 범위를 벗어났다고 해서 데이터를 함부로 제거해서는 안

결측치 삭제

나이	성별	연봉
25	여	2,500
46	남	결측치
39	여	8,000
56	남	5,600
61	여	결측치
21	남	20,000
35	여	결측치
72	남	1,500
45	여	결측치
63	남	결측치

결측치 대체

나이	성별	연봉
25	여	2,500
46	남	7,520
39	여	8,000
56	남	5,600
61	여	7,520
21	남	20,000
35	여	7,520
72	남	1,500
45	여	7,520
63	남	7,520

(평균: 7,520)

[그림 4-3] 결측치 처리 방법

됩니다. 예를 들어, 고객의 '나이'가 120세라면 일반적인 범주를 벗어난 아웃라이어에 해당하지만 실제 존재할 수 있는 값이므로 제거하지 않는 것이 좋습니다.

둘째, 데이터 유형 변환입니다. 인공지능 기법들 중에는 수치형 데이터만 처리할 수 있는 것들이 많습니다. 대표적인 예로는 회귀분석, 랜덤포레스트, 인공신경망, 서포트벡터머신 등이 있죠. 이러한 기법들은 명목형 데이터나 텍스트, 이미지 등을 바로 처리할 수 없으므로, 수치형 데이터로 변환해서 사용해야 합니다.

그렇다면 수치형이 아닌 데이터를 어떻게 수치형으로 변환할 수 있을까요?

데이터의 특성에 따라 몇 가지 방법이 있습니다. '원-핫 인코딩'이라는 방법은 명목형 데이터를 수치형으로 변환하는 방법으로, 명목형 변수의 각 클래스 값에 대해 각각의 이진 변수를 생성합니다. 예를 들어, [그림 4-4]와 같이 '연료'라는 속성에 '휘발유' '전기' '가스'의 세 가지가 있다면, 휘발유는 [1, 0, 0], 전기는 [0, 1, 0], 가스는 [0, 0, 1]과 같이 변환할 수 있습니다. 그럼 명목형 변수인 '연료'를 수치형으로 변환시킬 수 있죠.

연료		연료(휘발유)	연료(전기)	연료(가스)
휘발유		1	0	0
휘발유		1	0	0
전기		0	1	0
가스		0	0	1
전기		0	1	0
휘발유		1	0	0
가스		0	0	1

[그림 4-4] 명목형 변수의 수치형 변환

그 외 이미지 데이터를 수치형으로 변환하는 방법에는 '픽셀 인코딩'이 있습니다. 이미지를 구성하는 각 픽셀의 음영 또는 색깔 정보를 [그림 4-5]와 같이 숫자로 변환해서 표현하는 방법입니다.

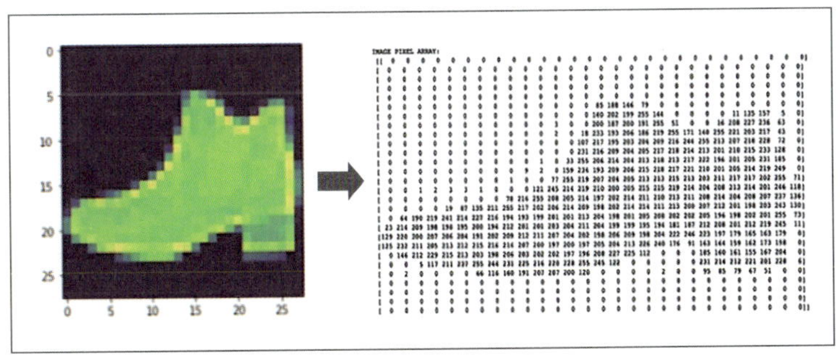

[그림 4-5] 픽셀 인코딩*

마지막으로, 학습의 전처리 과정에서 필요한 데이터 분할에 대해

* XiaO, H. (2017).

서 살펴보겠습니다. 데이터 분할은 데이터를 학습 데이터와 테스트 데이터로 나누는 것으로, 학습 데이터는 모델을 만드는 데 사용되고, 테스트 데이터는 만들어진 모델의 성능을 평가하는 데 사용됩니다.

학습 및 테스트 데이터의 개념은 마치 시험공부를 할 때 연습문제(학습 데이터)로 공부한 후, 시험문제(테스트 데이터)로 성과를 평가하는 것과 유사합니다.

만약 여러분이 선생님이고 100개의 기출문제가 있다고 생각해 보십시오. 학생들에게 전체 문제와 답안을 나눠 줘 버리면 학생들이 정답을 모두 알고 있기 때문에 학습 효과를 확인하기 어려울 것입니다. 반면, 80개의 문제와 답안만 나눠주고 학습시킨 후, 나머지 20개의 문제로 시험을 봐서 성적을 확인하면 학업성취도를 정확하게 파악할 수 있을 것입니다. 여기서 학생을 공부시킨 80개의 문제는 학습 데이터에 해당하고, 평가에 사용한 20개가 테스트 데이터에 해당합니다.

데이터를 분할할 때에는 학습 데이터의 비율을 테스트 데이터보다 크게 구성하는 것이 일반적입니다. 학습을 통해 좋은 모델을 만드는 것이 모델의 성능을 평가하는 것보다 중요하기 때문이죠.

이러한 데이터 분할 과정은 지도학습을 사용하는 머신러닝 분석에서 필수적인 과정이지만, 비지도학습이나 강화학습에서는 필요하지 않습니다. 이 외에도 데이터 및 상황에 따라 다양한 전처리 방법이 사용됩니다.

3) 3단계: 모델 생성

전처리 단계를 마치면 모델을 만듭니다. 이때 분석 목적이나 데이터의 특성 등을 고려해서 적절한 인공지능 기법을 선택해야 하는데, 이에 대해서는 제1부 '3. 목적에 맞게 골라 쓰는 인공지능 기법들'을 참조하시기 바랍니다.

인공지능 모델은 인간의 지능을 모방해서 의사결정을 내리거나 결과를 만들어 내는 계산 시스템입니다. 인공지능 모델의 구조를 단순화하면 [그림 4-6]과 같이 데이터를 입력받고, 모델 내부에서 처리한 후 결과를 출력하는 형태를 갖습니다. 이때 어떠한 인공지능 기법을 사용하는지에 따라서 모델의 구조가 달라집니다. 선형회귀분석처럼 비교적 단순한 수학적 함수 형태를 가질 수도 있지만, 딥러닝처럼 여러 층의 뉴런이 복잡하게 연결되어 있는 구조를 갖기도 하죠. 모델이 복잡할수록 학습에 더 많은 컴퓨터 자원과 시간이 소요됩니다.

[그림 4-6] 인공지능 모델의 단순화된 구조

또한 동일한 머신러닝 기법을 사용해도 모델을 만들 때 세부 설정을 어떻게 했는지에 따라서 다른 형태의 모델이 만들어지기도 합니다. 마치 요리를 할 때 스테이크의 굽기를 약간 덜 익힐지 또는 완전히 익힐지에 따라서 완성된 결과물이 달라지듯이, 모델을 만들 때에도 소위 '하이퍼파라미터'라고 부르는 세부 설정을 통해서 모델의 훈련 과정을 제어할 수 있습니다.

예를 들어, 동일한 의사결정나무 기법을 사용해서 모델을 만들 때 하이퍼파라미터에서 나무 깊이를 3으로 설정하면 [그림 4-7]의 왼쪽과 같은 의사결정나무 모델이 만들어지는 반면, 4로 설정하면 [그림 4-7]의 오른쪽과 같이 한 단계 더 깊은 모델이 생성됩니다.

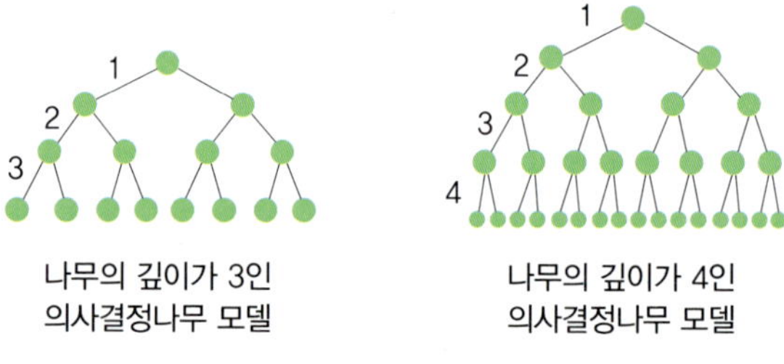

[그림 4-7] 하이퍼파라미터 설정을 통한 모델 세부 설정

4) 4단계: 모델 평가

모델 학습이 끝나면 성능을 평가합니다. 특히 지도학습은 정답에 해당하는 레이블이 포함된 데이터를 사용하기 때문에 마치 답안지를 채점하듯이 명확하게 성능을 평가할 수 있습니다.

모델의 성능 평가 방법은 숫자를 예측하는지 또는 클래스를 분류하는지에 따라 차이가 있습니다. 숫자를 예측하는 경우, 예측값과 실제값의 차이인 소위 '예측오차'라는 개념을 사용해서 모델의 성능을 평가합니다. 예를 들어, 집값을 예측하는 모델이 "이 집은 3억 2천만 원이 적당해."라고 예측했는데, 실제로 해당 집이 3억 원에 거래되었다면 이 모델의 예측은 2천만 원만큼 틀린 것이죠. 이렇게 모델이 테스트 데이터의 결과를 전부 예측해서 평균적인 예측오차를 계산합니다. 예측오차가 적을수록 모델의 성능이 우수하다고 볼 수 있습니다.

반면, 분류를 수행하는 경우에는 '정확도'로 성능을 평가합니다. 이는 예측 결과가 실제 결과를 몇 퍼센트(%)의 비율로 맞혔는지를 의미하는 것으로, 우리가 사용하는 채점 방식을 떠올리면 이해가 쉽습니다. 10문제를 풀었는데, 이중 8개를 맞히면 80점을 받는 것처럼, 10개의 테스트 데이터를 예측(분류)했는데, 이중 8개를 맞혔다면 모델의 정확도는 80%가 되는 것이죠. 정확도가 높을수록 모델의 성능이 좋은 것입니다.

만약 평가된 모델의 성능이 만족스럽지 않다면, 이전 단계인 '모델 생성'으로 돌아가 다른 인공지능 기법을 사용하거나 하이퍼파라미터를 조정하여 새로운 모델을 만들고 다시 성능을 평가하는 과정을 반복할 수 있습니다.

최종적으로 앞의 단계들을 거쳐서 모델이 완성되면, 실제 환경에 모델을 적용해서 사용할 수 있도록 모델을 배포하게 됩니다.

5 인공지능 모델을 효율적으로 개발하는 방법: 전이학습

인공지능 모델을 개발하다 보면 부족한 게 참 많다고 느껴질 때가 있습니다. 컴퓨팅 자원을 팍팍 사용할 돈도 없고, 인공지능 모델을 학습시킬 방대한 데이터도 부족하며, 빠르게 발전하는 복잡한 기술을 따라잡기도 버겁습니다. 인공지능 기술로 아이디어를 실현시키고 싶지만 실제로는 그림의 떡처럼 느껴지기도 하죠.

특히 챗GPT와 같은 거대 인공지능 모델을 만드는 데에는 엄청난 자원이 필요합니다. 방대한 양의 데이터는 기본이고, 학습을 위한 고성능 컴퓨터 하드웨어와 소프트웨어, 긴 학습 시간 그리고 막대한 전력 소비까지 엄청난 투자를 감당해야 하니까요.

게다가 인공지능 모델의 학습 과정에서 발생하는 이산화탄소는 환경오염 문제를 야기합니다. 『포브스』*지에 따르면, 대규모 딥러닝 모델 하나를 학습시킬 때 발생하는 이산화탄소 배출량은 자동차 5대의 평생 배출량과 맞먹는다고 합니다.

---

* 포브스(Forbes): 미국의 저명한 경제 잡지.

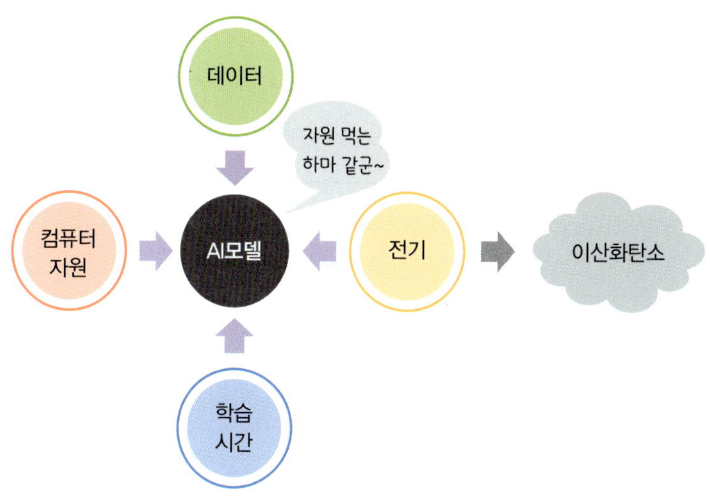

[그림 5-1] 인공지능 모델에 필요한 자원 및 부산물

그렇다면 돈이 많이 없고 데이터가 적어도, 기술력이 부족하고 심지어 시간마저 부족해도 인공지능 모델을 개발할 수 있는 방법은 없을까요? 보다 적은 자원을 사용해서 친환경적으로 인공지능 모델을 만드는 방법은 무엇일까요?

바로 '전이학습'입니다. 전이학습은 이미 잘 훈련된 인공지능 모델을 재활용하여 새로운 모델을 빠르고 효율적으로 개발하는 방법입니다. 기존 모델을 기반으로 약간의 수정을 거치면 되므로, 처음부터 모델을 개발하는 것보다 훨씬 적은 시간과 비용으로 새로운 인공지능 모델을 만들 수 있죠.

전이학습을 수행하기 위해서는 '사전학습 모델(pre-trained model)'

이 필요합니다. 사전학습 모델이란 데이터로 학습을 마친 기존 모델을 의미합니다. 그런데 과연 누가 많은 자원과 노력을 투입해서 만든 사전학습 모델을 다른 사람들과 공유하려고 할까요?

다행히 상당히 많은 연구자와 기업이 선뜻 사전학습 모델을 공유하고 있습니다. 이들은 도대체 왜 모델을 공유하는 것일까요?

이는 인류가 오랜 경험으로부터 서로의 기술이 공유되어야 다음 단계로 기술을 발전시킬 수 있다는 것을 알고 있기 때문일 것입니다. 비슷한 기술을 개발하느라 불필요한 에너지를 쏟는 대신, 지금까지 개발된 것들을 서로 공유하고 새로운 기술을 개발하는 데 노력을 기울이는 것이 스스로에게 도움이 된다는 것을 아는 것이죠.

그럼 전이학습의 과정에 대해서 살펴보겠습니다.

먼저, 기존에 개발되어 학습까지 마친 인공지능 모델 중에서 현재 해결하려는 문제와 유사한 사전학습 모델을 찾아야 합니다.

허깅페이스*라는 대표적인 인공지능 모델 공유 플랫폼에 들어가 보면, 세계 각국의 연구자, 개발자, 기업들이 만든 인공지능 모델 80만 개 이상이 공유되고 있는 것을 볼 수 있습니다. 그 외에도 구글은 텐서플로우 허브라는 플랫폼을 만들어서 자사가 개발한 인공지능모델들을 일부 공개하고 있고, 메타(구 페이스북)도 파이토치 허브라는 플랫폼에 자사의 모델들을 공유하며 인공지능 기술 공유 움직임에 동참하고 있습니다.

---

* 허깅페이스(https://huggingface.co/): 2016년 설립된 미국의 인공지능 스타트업 기업이 만든 공유 플랫폼으로 인공지능 모델뿐만 아니라, 데이터셋, 학습도구 등도 공유함.

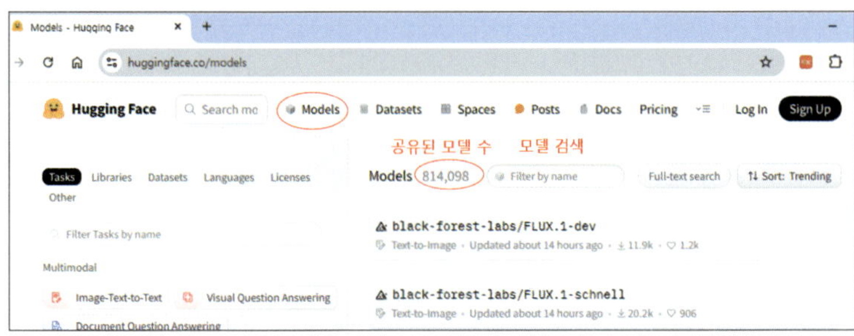

[그림 5-2] 허깅페이스에서 공유되고 있는 인공지능 모델 사례

예를 들어, 엔비디아가 개발한 스타일 GAN이라는 사전학습 모델을 사용하면 데이터를 학습하지 않고도 가상 인간의 모습을 바로 만들어 낼 수 있습니다. 또한 오픈AI가 개발한 위스퍼(Whisper)라는 사전학습 모델을 사용하면 [그림 5-3]과 같이 단 네 줄의 코드만으로 쉽게 음성파일을 문자로 변환할 수 있죠.

```python
import whisper

model = whisper.load_model("medium")  # 모델 선택 "tiny", "base", "small", "medium", "large"
result = model.transcribe("audio.mp3")  # 음성녹음 파일 입력
print(result["text"])  # 결과문자 출력
```

[그림 5-3] 사전학습 모델 위스퍼로 음성파일을 문자로 변환하는 코드 사례

다음 단계는 사전학습모델을 현재 목적에 맞게 수정하는 것입니다. 이 과정을 '미세조정(fine-tuning)'이라고 합니다.

사전학습 모델이 현재의 문제를 정확히 해결할 수 있다면 그냥 사용하면 되겠지만, 목적이 다소 다르다면 새로운 데이터로 미세조정하여 모델의 구조를 변경해야 합니다.

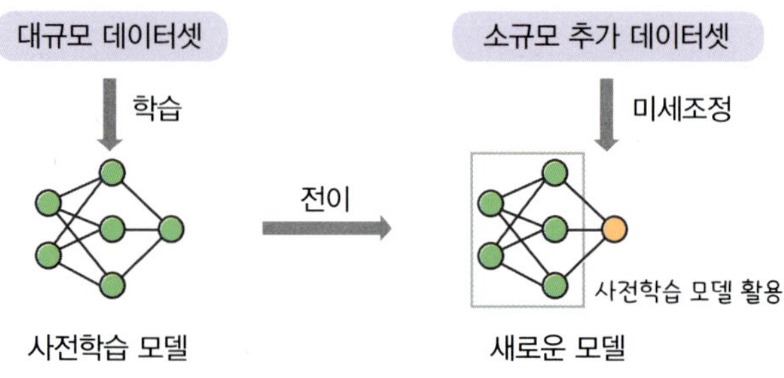

[그림 5-4] 전이학습의 미제조정 과정

일반적으로 미세조정은 [그림 5-4]의 오른쪽 사각형 부분처럼 기존 모델의 상당 부분을 그대로 활용하며 주황색 부분처럼 일부분만 수정합니다. 이때 추가 학습에 필요한 데이터셋의 크기는 처음 사전학습 모델을 만들 때보다 훨씬 작습니다. 이는 사전학습 모델의 일부 구조만 변경하여 새로운 모델이 만들어지기 때문입니다.

그렇다면 전이학습 사례에는 어떤 것들이 있을까요?

구글이 개발한 BERT라는 딥러닝 기반의 언어모델은 허깅페이스에 사전학습 모델이 공개되어 있으며 다양한 용도로 활용되고 있습니다. BERT 모델은 약 33억 개에 달하는 대규모 언어 데이터를 학습하여 만들어졌는데, 그 결과 뛰어난 언어이해 능력을 가지고 있습니다. 누구나 허깅페이스에서 BERT 모델을 무료로 다운받아서 문서 번역, 질의응답 등 다양한 텍스트 처리에 활용할 수 있죠.

이러한 BERT를 전이학습을 통해 감성 분석에 특화된 모델로 변경할 수도 있습니다. BERT는 일반적으로 언어처리 능력이 뛰어난 모델이지만, 특별히 감성분석을 목적으로 개발된 모델은 아니기 때문에 문장에서 긍·부정의 감성을 찾아내는 데에는 그리 우수하지 않습니다.

하지만 이 BERT 모델을 감정 데이터로 추가 학습을 시키면 감성 분석 성능이 대폭 개선됩니다. 예를 들어, 영화 리뷰에 포함된 긍·부정의 감성을 분석할 때 "배우들 연기 빼고 나머지는 다 별로였어요."와 같은 부정적인 리뷰와 "정말 재미있었어요! 완전 감동입니다."와 같은 긍정적인 리뷰를 분류하는 사례의 경우, 기본 BERT 모델의 정확도는 약 70%대에 머무릅니다. 하지만 영화 리뷰 데이터를 추가로 학습시켜 감성분석에 특화된 모델로 미세조정하면 정확도가 90%대로 향상될 수 있습니다.

앞의 BERT 사례 이외에도, 전이학습을 통해 효율적으로 인공지능 모델을 만든 다른 사례들이 있습니다.

챗GPT의 개발사인 오픈AI는 일부 GPT 모델을 허깅페이스에 무료로 공개하였고, 중국의 AI 기업 딥시크도 AI 챗봇인 DeepSeek의 사전학습 모델을 공개하고 있습니다. 이러한 GPT나 딥시크 모델은 범용적인 질문에 답변하는 AI 챗봇 모델이기 때문에, 특정 분야나 기업과 관련된 질의응답에 활용하기 위해서는 미세조정이 필요합니다. 만약 GPT 모델을 의약품과 관련된 질의응답에 특화된 모델로 미세조정하려면, 〈표 5-1〉과 같이 분야에 특화된 질문과 답변으로 구성된 데이터로 모델을 추가 학습 시키면 됩니다.

〈표 5-1〉 GPT 모델의 추가 학습 데이터 사례

질문	답변
파라세타몰은 어떤 용도로 사용되나요?	해열 및 진통제로 사용되며, 두통, 근육통, 관절염, 감기 증상 완화 등에 효과적입니다.
이부프로펜의 성인 권장 용량은 얼마인가요?	성인의 경우 200~400mg을 4~6시간 간격으로 복용할 수 있으며, 최대 1,200mg을 초과해서는 안 됩니다.
메트포르민의 일반적인 부작용은 무엇인가요?	메스꺼움, 구토, 복통, 설사 등이 있으며, 드물지만 심각한 젖산 산증이 발생할 수 있습니다.

이 외에도 옥스포드대학교의 VGG 그룹에서 개발한 안면인식 모델인 VGGFace도 무료로 사용가능한 사전학습 모델입니다. 이 모델은 수백만 개의 얼굴 이미지를 학습해서 만들어졌는데, [그림 5-5]의 왼쪽 이미지처럼 안면인식을 통해 동일인을 인식하는 데 효과적입니다. 이 모델을 전이학습하면, 여러 사진 중에서 특정 사람이나 유명인을 식별하는 모델을 만들 수 있고, 또한 얼굴을 분석하여 사람의 나이 또는 성별을 추정하는 데에도 활용할 수 있습니다.

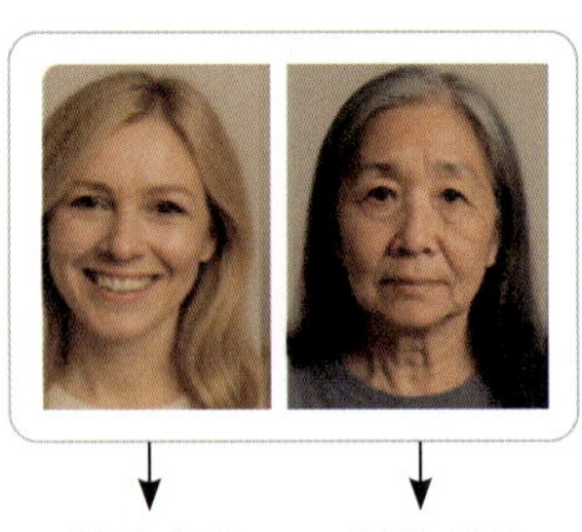

[그림 5-5] VGGFace 모델로 동일인을 인식하고 나이와 성별을 추정하는 사례

　요컨대, 전이학습은 기존의 사전학습모델을 토대로 짧은 시간 내에 효율적으로 새로운 모델을 개발하는 가성비 높은 방법입니다. 따라서 새로운 인공지능 모델을 개발할 때에는 먼저 자신의 목적과 유사한 기존의 사전학습 모델이 있는지 찾아보고, 이를 최대한 활용하는 것이 효과적인 개발 방법입니다.

　이렇듯 전이학습에는 많은 장점이 있지만, 몇 가지 한계점도 존재합니다. 우선, 기존 사전학습 모델이 현재의 목적과 잘 맞지 않으면 제대로 동작하지 않을 수 있습니다. 미세조정으로는 약간의 모델 수정만 가능하며 전면적인 수정은 어렵기 때문입니다. 또한 미세조정에 사용한 데이터셋의 규모가 너무 작으면 자칫 모델이 특정 사례에 지나치게 맞춰져서 전체적인 성능이 떨어질 수도 있으니 주의해야 합니다.

　이러한 한계점에도 불구하고, 전이학습은 더욱 많은 사람이 인공지능에 접근할 수 있도록 문턱을 낮추는 데 중요한 역할을 하고 있습니다.

　인류의 위대한 성과들은 서로의 지식을 공유하고, 이를 바탕으로 새로운 가치를 창출해 온 과정 속에서 만들어졌습니다. 만유인력의 법칙을 발견한 과학자인 아이작 뉴턴은 "내가 더 멀리 볼 수 있었던 것은 거인의 어깨 위에 서 있었기 때문이다."라고 말했습니다. 그의 말처럼 인공지능 분야에서도 서로의 연구 성과가 적극적으로 공유되고, 이를 토대로 새로운 기술이 개발될 때 더 큰 발전을 함께 이뤄 나갈 수 있을 것입니다.

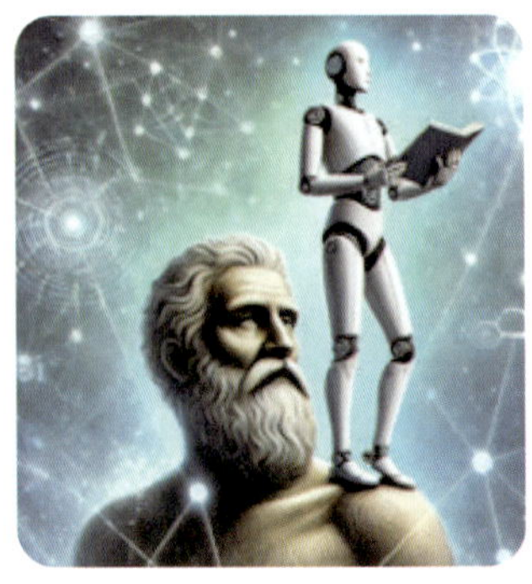

"내가 더 멀리 볼 수 있었던 것은

거인의 어깨 위에 서 있었기 때문이다."

– 아이작 뉴턴

[그림 5-6] 기존의 AI 기술을 기반으로 발전하는 인공지능

챗GPT로 만드는 머신러닝 모델

챗GPT 실습에 들어가기 전

챗GPT4 이상에서는 '코드인터프리터(또는 고급 데이터분석)'이라는 특수모드가 있어서 사용자가 요청한 머신러닝 분석을 수행할 수 있습니다. 머신러닝 기법으로 데이터를 분석하고 싶지만, 직접 파이썬 코드를 작성하기 어려운 사람들에게 아주 유용한 기능이죠.

어떻게 이것이 가능할까요?

챗GPT에는 파이썬 실행환경이 내장되어 있으며, 자주 사용되는 파이썬 라이브러리인 pandas, numpy, matplotlib, sklearn 등이 이미 설치되어 있습니다. 만약 사용자가 데이터를 업로드한 후 머신러닝 분석을 요청하면, 챗GPT는 미리 설치되어 있는 라이브러리를 사용해서 분석을 수행한 후 결과를 제공하는 것입니다.

이때 모든 머신러닝 분석이 다 실행되는 것은 아니며, 챗GPT에 이미 설치되어 있는 라이브러리에서 제공하는 기능들만 바로 실행이 가능합니다. 예를 들어, 회귀분석, 의사결정나무, 인공신경망 등은 챗GPT에서 바로 분석 결과를 도출할 수 있지만, 딥러닝*은 코드

---

* 챗GPT에서 딥러닝 기법으로 분석을 요청하면 파이썬 코드까지는 작성해 주지만, 챗GPT상에서 코드를 실행한 결과는 제공하지 못함.

생성까지만 가능하며 챗GPT상에서 실행되지는 않습니다.

더 좋은 소식은 코드인터프리터 기능이 '무료'라는 것입니다. 머신러닝의 다양한 기법을 일체의 프로그램 코딩 없이 무료로 이용할 수 있어 기술의 진입장벽이 대폭 낮아진 셈입니다. 단 무료의 경우, 유료인 챗GPT플러스에 비해 사용량이 적게 제공되고 사용자가 많으면 대기가 있어서 기다리는 불편함이 있을 수는 있습니다. 마음껏 빠르게 머신러닝 분석 기능을 사용하고 싶다면, 챗GPT플러스(유료)에 가입하는 것이 좋습니다.

〈표 6-1〉 챗GPT(무료)와 챗GPT플러스(유료)의 기능 비교

구분	무료 사용자(챗GPT)	유료 사용자 (챗GPT플러스)
처리 속도	상대적으로 느릴 수 있음(서버 부하 시 대기)	더 빠른 처리 (우선순위 배정)
사용량 제한	하루 또는 시간당 쿼터가 더 적음(많이 사용하면 '쿼터 초과'로 잠시 제한)	높은 쿼터 (연속 분석 가능)
비용	무료	월 $20

아직 챗GPT에 가입하지 않으신 분들은 [그림 6-1]을 참조하여 가입하기 바랍니다.

1. 챗GPT 무료 가입 챗GPT 사이트 방문 및 가입
   https://chatgpt.com/

2. 챗GPT 유료 가입 챗GPT 가입 및 로그인 후,
   우측 상단의 설정 – Upgrade Plus 선택 – Plus버전 선택하고 결제

[그림 6-1] 챗GPT 가입 방법

챗GPT에 가입하고 분석할 데이터만 있으면 준비는 끝났습니다. 지금부터 머신러닝 분석을 위한 항해를 시작해 보겠습니다.

알아두기!

이 책의 제2부에 수록된 챗GPT 실습의 실행 결과와 여러분이 직접 실행한 결과는 다소 다를 수 있습니다.

이는 챗GPT가 매번 새로운 문구를 만들어 내는 생성형 AI이기 때문이며 분석에는 크게 영향이 없습니다. 또한 머신러닝 분석 결과 역시 달라질 수 있는데, 이는 학습 및 테스트 데이터를 분할할 때 및 모델이 만들어질 때 무작위성이 개입되기 때문입니다. 챗GPT가 아닌 파이썬 코드로 분석을 수행해도 동일하게 무작위성이 개입하며, 같은 분석이라도 실행할 때마다 결과가 약간씩 달라질 수 있음을 참조하기 바랍니다.

7 회귀분석: 광고비로 매출 예측하기

TV나 유튜브 등 대중매체와 SNS를 보다 보면 광고를 종종 볼 수 있습니다. 당대 최고의 인기 스타가 나오는 광고도 있지만, 때로는 일반인이 등장해서 제품의 사용 경험을 공유하기도 하죠.

광고를 송출하는 매체도 TV, 라디오, 신문, 블로그, SNS 등에 이르기까지 다양해졌습니다. 광고를 어떤 매체에 송출하는지에 따라서 광고비가 달라지며, 시청자층에도 차이가 있습니다. 무턱대고 인기 스타로 TV 광고를 찍는다면 광고비는 크게 증가하는 반면, 매출은 기대만큼 상승하지 않을 수도 있습니다.

TV 광고

유튜브 광고

[그림 7-1] 광고의 형태

그렇다면 광고비를 많이 사용하면 매출이 실제로 증가할까요?

　마케팅에서 비용을 투입했을 때 그에 상응하는 성과가 나타나는지 확인하는 것은 대단히 중요합니다. 이제부터 광고비를 입력하면 광고된 제품의 향후 매출을 예측하는 회귀분석 모델을 만드는 실습을 수행하겠습니다. 즉, 제품의 TV, 라디오, 뉴스 등의 광고비를 입력하면, 해당 제품의 향후 매출이 얼마일지 예측하는 것이 분석 목표입니다.

　이번 실습에 사용할 회귀분석은 독립변수들이 종속변수에 미치는 영향을 분석하는 기법으로 '매출'과 같은 수치형 결과를 예측하는 데 효과적입니다. 회귀분석은 각 독립변수들이 종속변수에 영향을 미치는 정도를 비교할 수 있어서, TV 광고, 라디오 광고, 뉴스 광고 등에서 어떠한 광고가 매출 증가에 더 효과적인지 파악할 수도 있으며, 모델이 결과를 도출한 이유를 쉽게 이해할 수 있는 설명 능력이 높은 기법이기도 합니다.

　우선, 실습을 위해 '광고비와 매출.CSV' 파일을 학지사 홈페이지에서 다운로드 받습니다. 이 데이터는 교육용으로 만들어진 200개의 가상 데이터*로 캐글이라는 공유 데이터 플랫폼에서 수집하였습니다. 데이터에 포함된 독립변수는 TV, 라디오(Radio), 신문(Newspaper) 등 세 매체에 대한 광고비이며, 종속변수는 매출(Sales)입니다.

---

* James et al. (2013).

〈표 7-1〉 변수 소개

변수명	설명
TV	TV 광고비
Radio	라디오 광고비
Newspaper	신문 광고비
Sales	광고된 제품의 매출액

그럼 본격적으로 챗GPT를 사용해서 회귀분석 모델을 만들어 보겠습니다.

챗GPT 메시지창에 첨부파일 버튼을 눌러 '광고비와 매출.CSV' 파일을 업로드한 후, "머신러닝의 다중선형회귀분석 수행"이라고 요청하면 됩니다([그림 7-2] 참조). 독립변수가 여러 개이므로 다중 선형회귀분석임을 명시하였습니다. 이때 종속변수가 '매출'이라는 것을 명시하면 더 정확하지만, 그렇게 하지 않아도 챗GPT가 종속변수를 스스로 파악하여 분석을 수행합니다.

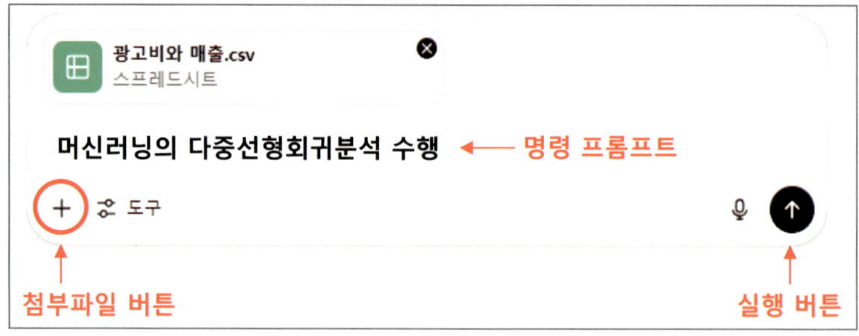

[그림 7-2] 챗GPT를 활용한 선형회귀분석 명령 프롬프트

앞의 명령을 실행하면, [그림 7-3]과 같이 챗GPT가 데이터를 불

러온 후, TV, 라디오, 신문의 광고비는 독립변수로, 매출은 종속변
수로 자동으로 인식하여 회귀분석을 수행합니다.

[그림 7-3] 챗GPT의 선형회귀분석 수행 결과

[그림 7-3]의 회귀분석 결과를 해석해 보겠습니다. 챗GPT가 전
체 데이터를 학습 데이터 80%, 테스트 데이터 20%로 분할한 후, 학
습 데이터로 회귀모델을 만들고, 테스트 데이터로 생성된 모델의
성능을 평가한 결과입니다.

'회귀모델' 부분을 살펴보면 회귀식이 있습니다. 회귀식은 수식
형태를 갖는데, 각 변수의 계수들을 보면 TV 0.055, 라디오 0.101,
신문 0.0043입니다. 이는 TV 광고비를 한 단위 증가시키면 매출이
0.055 증가하고, 라디오는 0.101, 신문은 0.0043만큼 매출이 증가함
을 알 수 있습니다. 즉, 라디오 광고가 매출을 가장 많이 증가시키
고, 다음으로 TV 광고, 마지막으로 라디오 광고 순서임을 알 수 있

습니다(라디오:0.101 〉 TV:0.055 〉 신문:0.0043).[*] 이 회귀식에 새로운 제품의 광고비를 대입한다면, 향후 해당 제품의 매출이 얼마가 될지도 예측할 수 있습니다.

다음으로, '모델 성능' 부분을 살펴보겠습니다. 첫 번째 모델 평가지표인 MSE(평균제곱오차)는 모델의 예측오차의 제곱을 평균한 값을 나타냅니다. 예측오차는 회귀식의 예측값이 실제와 얼마나 차이가 있는지를 나타내는 지표로, MSE 값이 작을수록 예측이 잘 맞았음을 의미합니다.

모델 평가지표의 R^2, 즉 결정계수는 독립변수들이 종속변수의 변동을 얼마나 잘 설명하는지 나타내는 지표로 0~1 사이의 값을 갖는데, R^2 값이 클수록 설명력이 높습니다. 앞 회귀식의 결정계수는 0.906이므로 독립변수인 TV, 라디오, 신문에 대한 광고비가 매출의 약 90.6%를 설명한다고 해석할 수 있습니다. 이는 대단히 높은 수치입니다.

요컨대, MSE는 회귀식의 예측력을 평가하는 지표로 MSE가 적을수록 정확한 예측을 수행하는 것이며, 반면 R^2는 회귀식의 설명력을 평가하는 지표로 R^2가 클수록 독립변수들이 종속변수의 변동을 더 많이 설명하는 것입니다.

마지막으로, 테스트 데이터를 회귀식에 적용한 세부 예측 결과를 확인해 보겠습니다. 챗GPT 메시지창에 "테스트 데이터의 세부 예측 결과를 알려 줘."라고 [그림 7-4]와 같이 요청하면 됩니다. 실행결

----

[*] 이 사례는 광고비의 단위가 모두 동일하지만, 금액, 연령, 체중 등 독립변수들의 측정 단위가 서로 다를 경우 표준화 계수로 비교해야 함.

과, 각 테스트 데이터에 대해서 회귀식이 예측한 매출과 실제 매출이 제시된 결과를 확인할 수 있습니다. 실제 매출과 예측 매출이 약간씩 차이가 나는데, 이러한 차이가 오차입니다. 앞의 모델 평가 지표에서 MSE는 바로 이러한 오차를 제곱한 평균값으로 산출된 것입니다. 전체 결과는 '다운로드 버튼'을 눌러서 파일로 저장할 수도 있습니다.

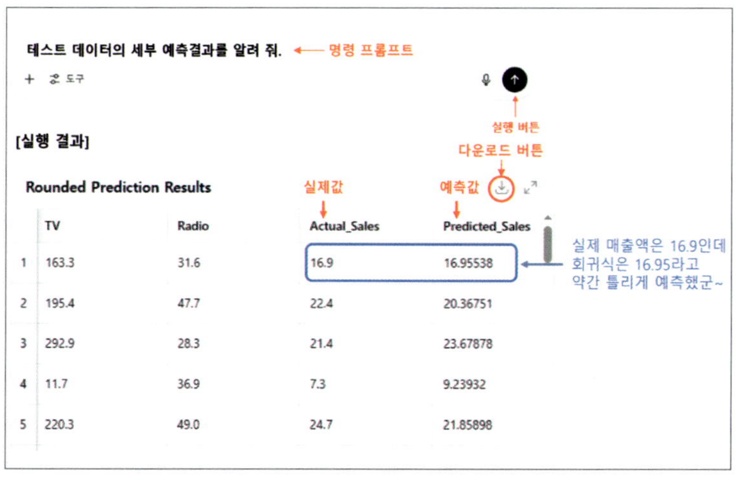

	TV	Radio	Actual_Sales	Predicted_Sales
1	163.3	31.6	16.9	16.95538
2	195.4	47.7	22.4	20.36751
3	292.9	28.3	21.4	23.67878
4	11.7	36.9	7.3	9.23932
5	220.3	49.0	24.7	21.85898

[그림 7-4] 회귀분석 세부 결과 확인

지금까지 회귀분석을 활용하여 광고비로 매출을 예측하는 실습을 수행해 보았습니다. 회귀분석은 변수들 간의 관계를 수식으로 나타내는 직관적인 방법으로 결과를 쉽고 명확하게 해석할 수 있기 때문에 학계 및 산업계에서 널리 활용되고 있습니다. 하지만 변수들이 단순한 선형 관계가 아닐 경우 예측 성능이 저하되며, 독립 변수들끼리 서로 상관관계를 가질 경우 결과가 왜곡될 수도 있으니 유의해서 사용하길 바랍니다.

챗GPT 명령어 정리 🔍 회귀분석

1. (분석할 파일을 첨부한 후) "머신러닝의 다중 선형회귀분석 수행"
2. "테스트 데이터의 세부 예측 결과를 알려 줘."

 **참고사항**

회귀분석은 통계에 기반을 두고 있어서, 이번 실습과 같이 '머신러닝의 회귀분석'을 수행해 달라고 명시하지 않으면, 학습 데이터와 테스트 데이터를 분할하지 않고 전체 데이터로 회귀식을 만들기도 합니다. 이럴 경우, 테스트 데이터가 없기 때문에 회귀식의 예측 성능인 MSE 등은 평가할 수 없습니다.

또한 회귀분석에서 '회귀계수의 유의성'을 살펴보면 더욱 정확한 분석이 가능합니다. 이는 독립변수들이 종속변수에 통계적으로 유의미한 영향을 미치는지 확인하는 것으로, 보통 95% 신뢰수준에서 통계적 유의성을 살펴봅니다.

회귀계수가 95% 신뢰수준에서 유의미하다는 것은 독립변수가 종속변수에 영향을 미치는 것이 95% 정도 확실하다는 의미이며, 이 기준을 충족하지 못하는 변수들은 회귀식에서 제거하는 경우도 많습니다.

챗GPT 메시지창에 "회귀계수의 유의성 확인"이라고 요청하면, [그림 7-5]과 같이 각 변수별 회귀계수가 유의한지 여부를 확인할 수 있습니다. P-value가 0.05보다 적으면 유의한 것인데, 이 사례에서 신문의 계수는 이보다 훨씬 더 큰 0.954이므로 유의하지 않은 변수로 나타났습니다. 이렇게 유의하지 않은 변수는 제거하고 다시 회귀분석을 수행하라고 요청할 수 있습니다([그림 2-7] 참조).

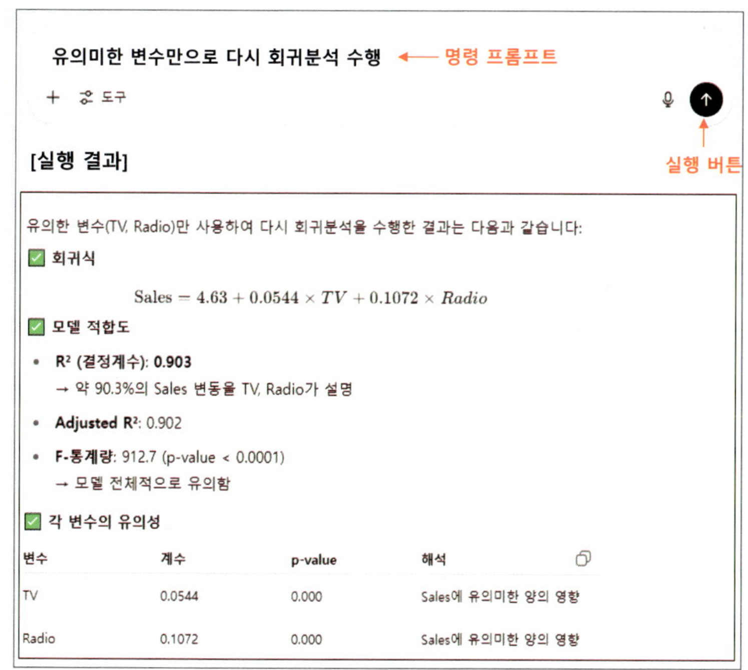

[그림 7–5] 회귀계수의 유의성 확인

[그림 7–6] 유의미한 변수들로 다시 선형회귀분석 수행

8 의사결정나무: 연인의 결별 여부 예측하기

"어떻게 사랑이 변하니?"

영화 〈봄날은 간다〉의 남자주인공 상우는 마음이 돌아선 여자주인공 은수에게 말합니다. 상우는 은수에게 첫눈에 반해 순수하게 사랑하지만, 은수의 사랑은 보다 현실적이죠. 이들은 화려한 봄날

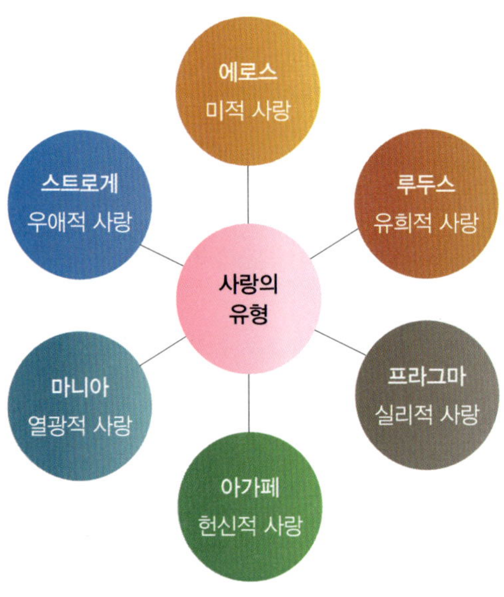

[그림 8-1] 사랑의 6가지 유형

처럼 사랑했지만, 봄날은 가 버리고 이별을 맞이합니다.

사랑이란 참으로 복잡한 감정으로 사랑의 형태에도 다양한 유형이 존재합니다. 사회학자 존 리(1977)는 『사랑의 색채』라는 책에서 사랑의 유형을 에로스, 루두스, 스트로게, 마니아, 프라그마, 아가페 등의 여섯 가지로 분류했습니다. 신체적 매력에 끌리는 '에로스', 게임 같은 재미를 추구하는 '루두스', 친구인 듯 아닌 듯 우정을 느끼는 '스트로게', 소유하고 집착하는 '마니아', 실리적인 '프라그마', 헌신적인 '아가페' 등 서로를 사랑하는 방식은 다를 수 있다는 것입니다.

그뿐만 아니라, 심리학 분야에서는 연인관계에 영향을 주는 요인으로 '만족감' '투자' '대안적 관계의 질' 등이 영향을 미친다는 연구도 있습니다. 즉, 연인관계는 단순히 서로에 대한 '만족감'이 높다고 유지되는 것이 아니라, 그동안 연인관계를 유지하는 데 들인 '투자' 수준, 결별 후 만날 가능성 있는 새로운 연인의 매력 수준인 '대안적 관계의 질' 등이 함께 영향을 미친다는 것입니다.

그렇다면 이러한 심리학적 요인을 사용해서 연인들의 결별 여부를 예측하는 인공지능 모델을 만들 수 있을까요?

이어지는 실습에서는 연인이 서로를 사랑하는 방식을 입력하면, 이들이 향후 결별할지 또는 관계를 유지할지를 예측해 주는 인공지능 모델을 구축해 보겠습니다.

실습의 목표는 연인이 서로를 사랑하는 형태를 통해, 이들이 향후 이별할지 아니면 계속 만남을 유지할지를 예측하는 의사결정나무 모델을 만들어 내는 것입니다. 실습에 사용할 파일은 연인관계에 있는 20~30대 커플 169쌍의 사랑의 방식과 결별 여부를 포함한 'Color of Love.csv'입니다. 이 데이터는 고려대학교 심리학과에서 수행한 '성격과 사회적 지각'이라는 프로젝트의 일환으로 커플들을 대상으로 설문조사를 하여 수집되었으며, 초기 데이터를 수집한 후 6개월이 지나 다시 설문조사를 통해 이별 여부를 파악하였습니다.

파일에는 〈표 8-1〉과 같이 총 10개의 변수가 있습니다. 다음의 9개 변수는 커플이 상대방을 사랑하는 방식에 대한 정도를 1~7점의 수치로 나타낸 것이며, 'Relationship'은 해당 커플이 6개월 후 헤어졌는지 여부를 나타내는 종속변수입니다.

〈표 8-1〉 변수 소개

변수명	설명	값
Eros(M),(F)	신체적인 매력에 끌리는 형태의 사랑의 정도(에로스)	1~7점
Ludus(M),(F)	게임을 하듯 재미를 추구하는 사랑의 정도(루두스)	
Stroge(M),(F)	친구 같은 우정 형태의 사랑의 정도(스트로게)	
Mania (M),(F)	강박적이고 집착하는 소유적 사랑의 정도(마니아)	
Pragma (M),(F)	실리적 형태의 사랑의 정도(프라그마)	
Agape(M),(F)	헌신적이고 이타적인 형태의 사랑의 정도(아가페)	
Satisfaction(M),(F)	연인관계에서 느끼는 만족감의 정도(만족)	
Investment(M),(F)	연인관계에 투자한 인지된 노력의 정도(투자)	
Alter(M),(F)	결별 후 만날 것으로 예상되는 연인에 대한 인지된 매력도(대안)	
Relationship	데이터 수집 6개월 후 연인관계 지속 여부	In(유지)/ Out(결별)

그럼 데이터가 준비되었으니 본격적으로 분석에 들어가 볼까요?

챗GPT를 열고, 메시지창에 데이터 첨부 버튼을 눌러 'Color of Love.CSV' 파일을 업로드한 후 "첨부된 파일로 의사결정나무를 만들어 줘."라고 한 줄만 입력하면 분석이 수행됩니다([그림 8-2] 참조).

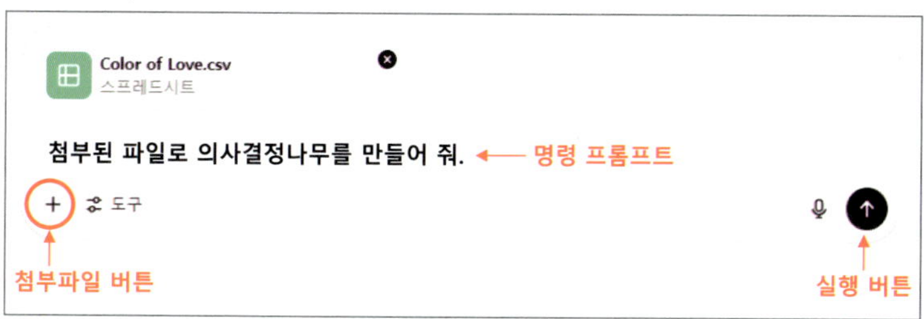

[그림 8-2] 챗GPT로 의사결정나무를 만드는 명령 프롬프트

하단의 실행버튼을 누르면, 챗GPT가 알아서 의사결정나무 모델을 만들어 줍니다. 즉, 챗GPT가 전체 데이터를 학습 데이터와 테스트 데이터로 8:2의 비율로 분할한 후, 학습 데이터를 활용하여 의사결정나무 모델을 만드는 과정이 모두 자동으로 수행되죠.

생성된 모델을 그대로 사용하거나, 필요에 따라서 모델을 수정할 수도 있습니다. [그림 8-3]은 "min_impurity_decrease=0.02로 설정해서 다시 모델을 만들어 줘."라고 요청하여 좀 더 간결한 모델을 만든 결과입니다. 너무 복잡한 의사결정나무 모델이 만들어지면 과적합이라는 현상이 나타나서 성능이 오히려 저하될 수도 있습니다.

과적합은 모델이 지나치게 과거 사례에 맞춰져서, 미래의 문제를 잘 해결하지 못하는 현상을 말합니다. 예를 들어, 연인이 결별하는 이유를 규칙으로 찾을 때, 처음에는 "자아도취 상태가 심각하다." "관계 유지를 위해 노력하지 않는다."와 같이 중요한 규칙들로 모델이 만들어지기 시작합니다. 하지만 모델이 과적합이 되면 "같이 있을 때 방귀를 많이 뀐다."와 같이 점차 의미 없는 사소한 것들까지 찾아내는 것이죠. 이는 새로운 커플의 결별을 예측하는 데 오히려 방해가 될 수 있습니다.

여러분의 의사결정나무에서는 속성이 영어로 나타날 것인데, 이해를 돕기 위해 한글로 번역한 속성으로 [그림 8-3]에 제시하겠습니다.

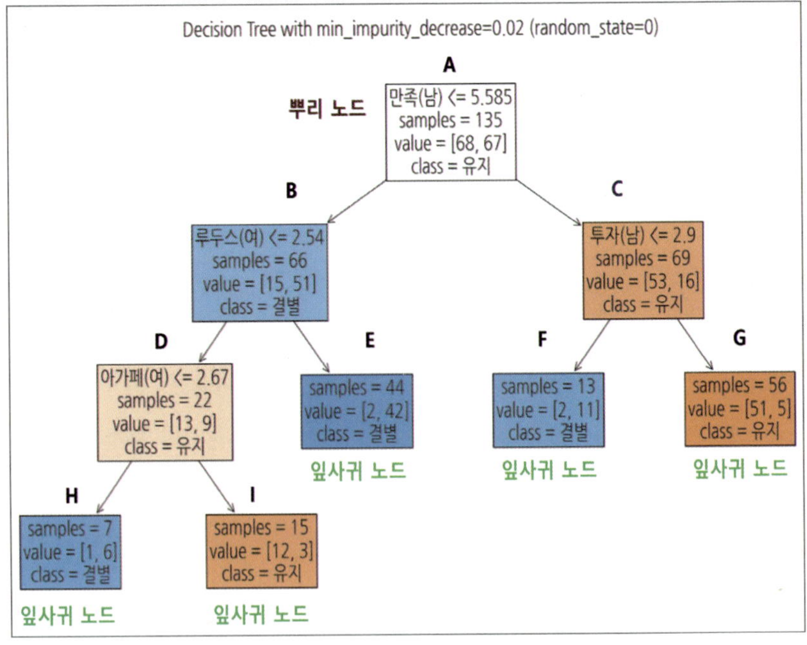

[그림 8-3] 챗GPT가 생성한 의사결정나무 모습

그럼 생성된 의사결정나무 모델을 좀 더 자세히 살펴보겠습니다. 모델의 사각형들을 '노드'라고 부르며, 선은 '가지'라고 부릅니다. 그리고 가장 위에 있는 노드를 '뿌리 노드', 가장 아래에 위치한 노드들은 '잎사귀 노드'라고 합니다. 마치 뒤집어진 나무처럼 뿌리부터 가지를 쳐서 마지막에 잎사귀가 달린 모습으로 이해할 수 있습니다.

노드들은 부모와 자식의 관계를 가집니다. 마치 가계도와 비슷한 개념으로, [그림 8-3]의 A노드의 자식 노드는 B와 C이며, B노드의 자식 노드는 D와 E가 되고, C노드의 자식 노드는 F와 G가 되는 것이죠. 이렇게 가지를 따라 내려가다가, 잎사귀 노드에 이르게 되었을 때 더 이상 자식 노드가 존재하지 않게 됩니다.

의사결정나무 모델에는 '잎사귀 노드'의 수만큼의 규칙이 있습니다. [그림 8-3]의 의사결정나무에는 5개의 잎사귀 노드들이 있으니 총 5개의 규칙이 있는 셈이죠.

다음으로, 의사결정나무 모델의 의미를 해석하는 방법을 살펴보겠습니다. 제일 위에 위치한 '뿌리 노드'는 [그림 8-4]와 같은 항목들로 구성되어 있습니다.

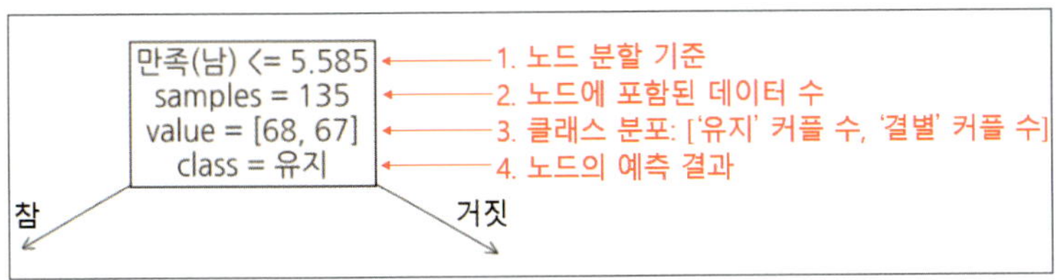

[그림 8-4] 노드에 포함된 정보*

* 노드의 불순도를 나타내는 Gini는 간결성을 위해 생략함.

이 중 두 번째 항목인 'samples = 135' 부분을 살펴보면, 노드에 총 135개의 데이터가 포함된 것을 볼 수 있습니다. 전체 데이터는 169개지만, 이중 학습 데이터로 80%만 사용했기 때문에 의사결정나무를 만드는 데에는 135개가 사용된 것입니다.

세 번째 항목인 'value = [68, 67]' 부분은 노드에 포함된 클래스 분포를 나타냅니다. 즉, 노드에 포함된 커플 135쌍 중 관계를 유지한 커플이 68쌍이고, 결별한 커플이 67쌍인 것입니다.

네 번째 항목인 'class = 유지'는 노드의 클래스 분포 중 무엇이 많았는지를 나타냅니다. 관계를 '유지'한 커플이 68쌍 '결별'한 커플이 67쌍이니, 유지한 커플이 한 쌍 많아서 '유지'라고 예측한 것이죠. 하지만 이는 좋은 예측은 아닙니다. 만약 유지 대 결별이 134대 1과 같이 한쪽 클래스 수가 월등히 높았다면 훨씬 확실하게 '유지'라고 예측할 수 있을 텐데 말입니다. 한쪽 클래스 수가 확연하게 많은 노드를 '순수'하다고 표현하는데, 이 노드는 순수하지 못합니다. 마치 우리가 흔히 '똥개'라고 말하는 믹스견은 여러 품종이 섞여 있어 순수하지 못한 반면, 단일 품종의 강아지는 순수한 혈통이라고 말하는 것과 비슷한 개념으로 이해할 수 있습니다. 의사결정나무는 뿌리 노드에서 시작하여 잎사귀 노드까지 가지를 치면서 점차 순수한 노드들을 만드는 것을 추구합니다.

마지막으로, 첫 번째 항목인 '만족(남) <= 5.585'는 자식 노드를 분할하는 기준입니다. 즉, 노드를 분할해서 현재 노드보다 더 순수한 두 개의 자식 노드로 나눌 때 사용할 기준인 것이죠. 만약 남성의

만족도가 5.585 이하이면 '참'에 해당되어 왼쪽 가지를 따라서 새로운 노드가 만들어집니다. 반면, 5.585보다 크면 기준을 충족하지 못하여 '거짓'이 되므로 오른쪽 가지를 따라서 새로운 노드가 만들어집니다.

그럼 의사결정나무의 규칙들을 전체적으로 해석해 보겠습니다. [그림 8-5]의 모습이 복잡해 보일 수도 있지만, 사실 그리 어렵지 않습니다. 뿌리 노드에서 시작해 잎사귀 노드까지 내려가면서 각 단계의 아래쪽에 위치한 자식 노드의 분할 기준을 차례로 확인합니다. 마지막으로, 잎사귀 노드에 도달하면 '예측 결과'인 class 부분을 확인하면 됩니다.

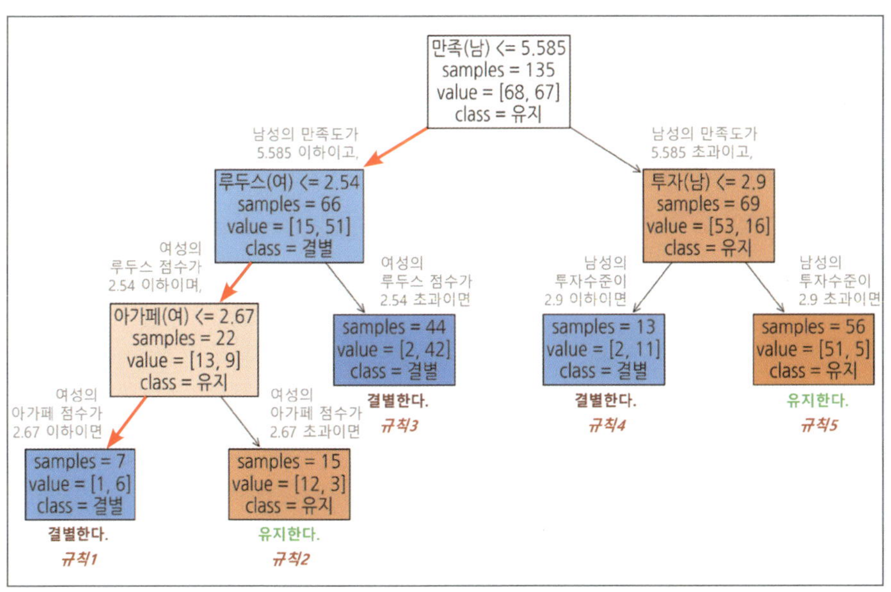

[그림 8-5] 의사결정나무의 해석

먼저, [그림 8-5]의 의사결정나무 가장 왼쪽에 위치한 '규칙 1'을 살펴보겠습니다. 뿌리 노드 분할 기준은 "남성의 만족도가 5.585 이하인가?"이고 규칙 1은 왼쪽 가지인 '참'을 따라가므로 남성의 만족도는 5.585 이하입니다. 하단의 자식 노드로 내려와서 새로운 분할 기준을 확인하니, 이번에는 "여성의 루두스 점수가 2.54 이하인가?"라는 조건이 다시 나옵니다. 마찬가지로 규칙 1은 왼쪽 가지를 따라서 이 조건을 만족한다는 것을 의미하죠. 다시 자식 노드로 내려가니 이번에는 "여성의 아가페 점수가 2.67 이하인가?"라는 조건이 나옵니다. 왼쪽 가지는 이 조건도 '참'임을 판단합니다. 이제 '규칙 1'의 잎사귀 노드에 도착했습니다. 앞의 조건들을 모두 충족하면 '결별'한다는 결과를 예측합니다. 즉, 남성의 만족도가 5.585 이하이고, 여성의 루두스 점수가 2.54 이하이며, 여성의 아가페 점수가 2.67 이하인 커플은 결별한다는 규칙이 만들어진 것입니다.

그렇다면 왜 결별한다고 예측한 것일까요? '규칙 1'의 잎사귀 노드 안의 value 정보를 살펴보면 그 이유를 알 수 있습니다. [그림 8-5]의 '규칙 1' 잎사귀 노드를 보면 value = [1, 6]이라고 표시되어 있죠. 이는 과거에 남성의 만족도가 5.585 이하로 낮고 여성의 루두스 점수가 2.54 이하이며, 여성의 아가페 점수도 2.67 이하인 커플이 7쌍 있었는데, 이들 중 1쌍만 관계를 유지하고 6쌍이 결별했음을 의미합니다. 의사결정나무는 이러한 과거 데이터를 바탕으로 이 조건을 만족하는 새로운 커플 역시 헤어진다는 규칙을 만든 것입니다.

이러한 방식으로 도출된 다섯 가지 규칙들을 텍스트로 표현하면 다음과 같습니다.

- **규칙 1**: 남성의 만족도가 5.585 이하이고, 여성의 루두스 점수가 2.54 이하이며, 여성의 아가페 점수도 2.67 이하인 커플은 결별한다.

  → 이유: 과거 동일한 조건으로 사랑한 커플 7쌍 중 6쌍이 결별함

- **규칙 2**: 남성의 만족도가 5.585 이하이고, 여성의 루두스 점수가 2.54 이하이지만, 여성의 아가페 점수가 2.67보다 높은 커플은 관계를 유지한다.

  → 이유: 과거 동일한 조건으로 사랑한 커플 15쌍 중 12쌍이 유지함

- **규칙 3**: 남성의 만족도가 5.585 이하이고, 여성의 루두스 점수가 2.54를 초과하면 결별한다.

  → 이유: 과거 동일한 조건으로 사랑한 커플 44쌍 중 42쌍이 결별함

- **규칙 4**: 남성의 만족도가 5.585를 초과하고, 남성의 투자 수준이 2.9 이하이면 결별한다.

  → 이유: 과거 동일한 조건으로 사랑한 커플 13쌍 중 11쌍이 결별함

- **규칙 5**: 남성의 만족도가 5.585를 초과하고, 남성의 투자수준도 2.9를 초과하면 관계를 유지한다.

  → 이유: 과거 동일한 조건으로 사랑한 커플 56쌍 중 51쌍이 관계를 유지함

이를 통해 생성된 모델의 성능을 확인해 보겠습니다.

"모델의 성능을 알려 줘."라고 [그림 8-6]과 같이 요청하면, 이 모델이 연인의 결별 여부를 73.5%의 정확도로 맞히는 것을 확인할 수 있습니다. 추측하여 결별을 예측했다면 약 50% 수준의 정확도였겠지만, 의사결정나무 모델로 예측 성능이 73.5%로 향상된 것입니다.

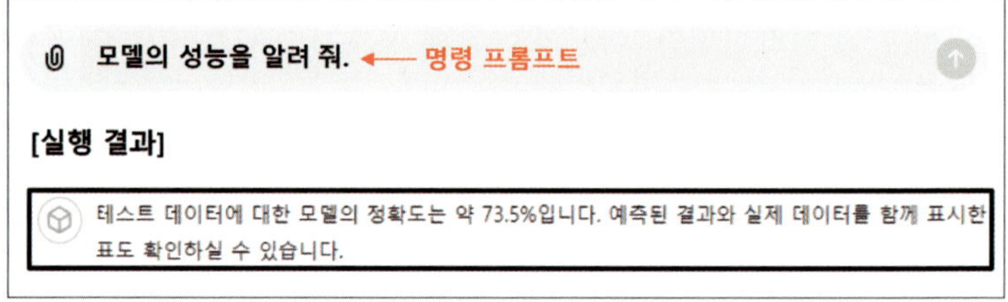

[그림 8-6] 의사결정나무 성능

만약 의사결정나무 모델이 테스트 데이터셋의 세부 결과를 어떻게 예측했는지 알고 싶다면 [그림 8-7]과 같이 "세부 예측 결과를 보여 줘."라고 요청하면 됩니다. 그러면 테스트 데이터셋의 실제 결별 여부와 의사결정나무 모델이 예측한 결과가 [그림 8-7]과 같이 비교된 모습을 볼 수 있고, 결과 데이터를 다운로드할 수 있습니다.

	여)	아가페(여)	Actual Result	Predicted Result
1		4.5	유지	유지
2		2.59	결별	결별
3		1.99	결별	결별
4		1.99	결별	결별
5		3.0	유지	유지
6		3.5	유지	유지

[그림 8-7] 테스트 데이터 세부 예측 결과

　또한 수립된 의사결정나무를 사용해서 자신이 원하는 데이터를 테스트할 수도 있습니다. 모델에 포함된 변수는 만족(남), 루두스(여), 아가페(여), 투자(남) 등 네 개로, "생성된 모델로 만족(남) 3, 루두스(여) 7, 아가페(여) 1, 투자(남) 5일 때 결과를 예측해 줘."와 같이 요청하면, [그림 8-8]과 같이 이 커플은 '결별'할 것이라는 결과를 얻을 수 있습니다.

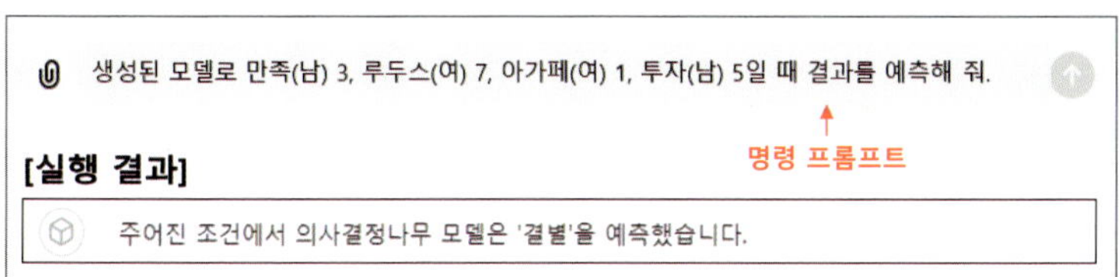

[그림 8-8] 새로운 데이터에 대한 예측 결과

지금까지 챗GPT를 사용해서 의사결정나무 모델을 만드는 과정을 살펴보았습니다. 다음에 표시된 챗GPT 명령어를 입력하면 누구나 쉽게 의사결정나무 모델을 만들 수 있습니다.

챗GPT 명령어 정리   🔍 의사결정나무

1. (챗GPT에 분석할 파일을 첨부한 후) "첨부된 파일로 의사결정나무를 만들어 줘."
2. "모델의 성능을 알려 줘."
3. "세부 예측 결과를 보여 줘."

9 랜덤포레스트: 의사의 진료 없이 심장병 진단하기

　1997년에 개봉했던 고전 영화 〈가타카〉를 보면, 태어나지도 않은 아기의 유전자를 분석하여 지능, 체력, 질병 발생 위험까지 예측하고, 그 결과에 따라서 인간을 '우성'과 '열성'으로 분류하는 미래 사회의 모습이 나옵니다. 그 당시 이 영화를 무척 재밌게 봤지만, 현실과는 거리가 먼 SF 이야기로만 생각했었죠.

　그런데 이제 그런 미래가 점차 현실화되고 있습니다. 현재 많은 병원과 건강검진센터에서는 유전 정보를 활용하여 미래의 질병 발생 가능성을 예측하고 있죠. 암, 호흡기 질환, 뇌심혈관 질환 등 다양한 질환의 위험도를 알아볼 수 있으며, 검사받고 싶은 항목을 선택적으로 지정할 수도 있습니다.

　여러 연구에서 유전적 요인은 질병 발생에 매우 중요한 영향을 미친다고 알려져 있습니다. 물론 생활 습관, 식습관, 스트레스와 같은 환경적 요인도 질병 발병에 영향을 주지만, 특정한 유전적 패턴을 가진 사람이 비슷한 환경에서 특정 질병에 걸릴 확률이 더 높다는 것입니다. 이에 기반하여, 유전 정보와 질병 간의 관계를 학습한 인공지능 모델로 미래의 질병 발생 위험을 예측할 수 있습니다.

그런데 어떻게 유전 정보로 인공지능 모델을 만들었을까요?

의료기관들은 과거에 다양한 질병을 앓았던 환자들의 유전 정보를 축적한 방대한 데이터를 보유하고 있습니다. 이를 활용하여 유전 정보와 특정 질병 발생 여부 사이의 관계를 찾는 지도학습 기반의 인공지능 모델을 만든 것입니다. 수많은 환자의 DNA 염기서열을 독립변수로 사용하고, 각 환자가 앓았던 질병을 종속변수로 설정하여 모델을 학습시킨 것이죠. 검사자의 새로운 유전 정보가 입력되면, 모델이 과거에 학습한 패턴을 바탕으로 그 사람의 특정 질병 발생 가능성을 예측하는 것입니다.

이렇게 인공지능은 의료 분야로도 확장되어 질병 예측, 진단, 예방을 비롯한 헬스 케어에 이르기까지 다양하게 활용되고 있습니다.

[그림 9–1] 인공지능 로봇이 질병을 예측하는 모습

이제부터 랜덤포레스트 기법을 사용하여 심장병을 진단하는 인공지능 모델을 만드는 방법을 알아보겠습니다.

우선, '심장병.CSV' 파일을 학지사 홈페이지에서 다운로드합니다. 이 데이터는 UCI Machine Learning Repository라는 공용 데이터셋을 제공하는 사이트에서 다운받은 것으로, 병원의 환자 918명에 대한 정보와 각 환자의 심장병 여부에 대한 결괏값을 포함하고 있습니다.

〈표 9-1〉의 데이터의 변수들을 살펴보면, 인물 정보로 나이와 성별이 있고, 의료기록에는 환자의 흉통 형태, 안정 시 혈압, 콜레스테롤 수치, 공복혈당, 안정 시 심전도, 최대 심박수, 운동 유발 협심증, ST 하강 수치, ST 기울기 등이 있습니다. 마지막으로, 환자의 심

〈표 9-1〉 데이터 변수

변수명	설명	변수 형태
Age	나이	수치형
Sex	성별	범주형
ChestPainType	흉통 형태	범주형
RestingBP	안정 시 혈압	수치형
Cholesterol	콜레스테롤 수치	수치형
FastingBS	공복혈당	수치형
RestingECG	안정 시 심전도	범주형
MaxHR	최대 심박수	수치형
ExerciseAngina	운동 유발 협심증	범주형
Oldpeak	ST 하강 수치	수치형
ST_Slope	ST 기울기	범주형
HeartDisease	심장병 양성 또는 음성 여부	범주형

장병 여부인 '심장병 유무(HeartDisease)'가 포함되어 있습니다. 하지만 우리가 의학 전문가는 아니기 때문에 앞의 11개 속성을 사용해서, 마지막 속성인 심장병 유무를 분류한다 정도로만 이해하고 넘어가겠습니다.

데이터를 사용해서 랜덤포레스트 모델을 만드는 가장 간단한 방법은 챗GPT의 메시지창에서 첨부파일 버튼을 눌러 '심장병.CSV'파일을 첨부한 후, "첨부된 데이터로 랜덤포레스트 분석"이라고 요청하는 것입니다([그림 9-2] 참조). 정확하게 "첨부된 데이터로 심장병 유무를 예측하는 랜덤포레스트 분석을 수행해 줘."라고 명확히 종속변수를 설정할 수도 있지만, 똑똑한 챗GPT는 굳이 설명하지 않아도 분석의 목적이 심장병 여부를 예측하는 것임을 파악하고 분석을 수행합니다. 기본적으로 100개의 의사결정나무 결과를 종합하여 랜덤포레스트 결과가 도출됩니다.

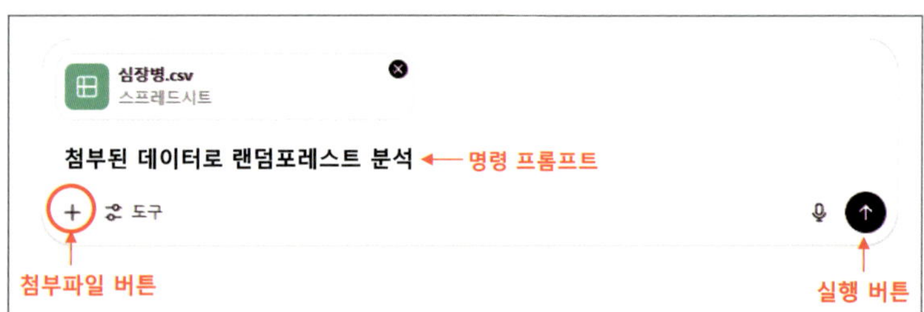

[그림 9-2] 챗GPT를 활용한 랜덤포레스트 분석 프롬프트

그럼 챗GPT가 도출한 결과를 살펴보겠습니다([그림 9-3] 참조).

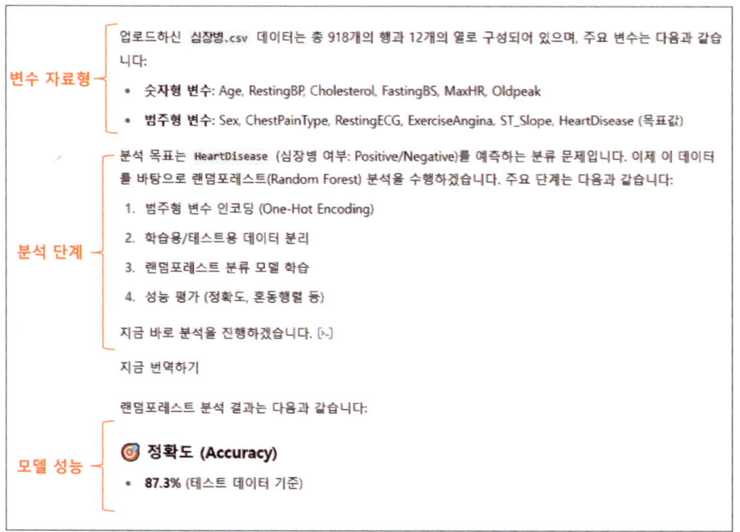

[그림 9-3] 챗GPT 분석 과정 및 정확도 결과

[그림 9-3]에서 챗GPT는 데이터를 읽어 들인 후, 수치형 변수와 범주형 변수가 무엇인지 먼저 구분합니다. 이는 범주형 변수를 곧바로 분석할 수 없기 때문에 숫자로 변환하기 위해서 필요한 과정입니다.

다음으로, 분석 단계가 소개되어 있습니다([그림 9-3]의 분석 단계 참조). 분석 단계 1에서는 범주형 변수들이 수치형 변수로 변환됩니다. 분석 단계 2에서는 전체 데이터가 학습 데이터 80%와 테스트 데이터 20%로 분할됩니다. 이는 학습 데이터로 모델을 만들고, 테스트 데이터로 모델의 성능을 평가하기 위한 과정입니다. 분석 단계 3에서는 학습 데이터로 랜덤포레스트 모델이 만들어지며, 이렇게 만들어진 모델의 성능은 분석 단계 4에서 평가됩니다.

'모델 성능' 부분을 보면, 이러한 분석 과정을 통해 만들어진 랜덤포레스트 모델의 정확도는 87.3%인 것으로 평가되었습니다. 즉, 100명의 환자에 대해서 심장병 예측을 수행하면 87명은 정확하게 진단하지만, 13명은 틀린다고 이해할 수 있습니다.

정확도 결과를 다음에 제시된 [그림 9-4]와 같은 혼동행렬로 확인하면, 좀 더 세부적인 정보를 확인할 수 있습니다. 혼동행렬 (confusion matrix)이란 분류 모델의 성능을 평가하기 위해 실제값과 예측값을 비교하여 표 형태로 구성한 것으로, [그림 9-4]를 살펴보면, 실제 음성인 환자를 정확하게 음성이라고 예측한 건 95개, 실제 음성인 환자를 양성이라고 잘못 예측한 건 17개, 실제 양성을 양성이라고 맞게 예측한 건 146개, 실제 양성을 음성이라고 잘못 예측한 건 18개가 있음을 알 수 있습니다.

📊 혼동행렬 (Confusion Matrix)

실제 ₩ 예측	Negative (0)	Positive (1)
Negative (0)	95	17
Positive (1)	18	146

[그림 9-4] 혼동행렬 결과

　의료 분야의 경우, 실제 병이 있는(양성) 사람을 병이 있다고 정확히 분류하는 것이 특히 중요합니다. 왜냐하면 병이 있는 사람을 건강하다고 잘못 분류하게 되면 치료를 받지 못해서 사망에 이를 수도 있기 때문입니다. 반면, 병이 없는 사람(음성)을 병이 있다고 잘못 분류하는 것은 의료비만 추가적으로 지불하면 되기 때문에 상대적으로 덜 중요하다고 볼 수 있습니다.

　마지막으로, 각각의 환자에 대한 세부 예측 결과를 확인해 보겠습니다. 챗GPT 메시지창에 "테스트 데이터의 세부 예측 결과를 알려 줘."라고 [그림 9-5]와 같이 요청하면 됩니다.

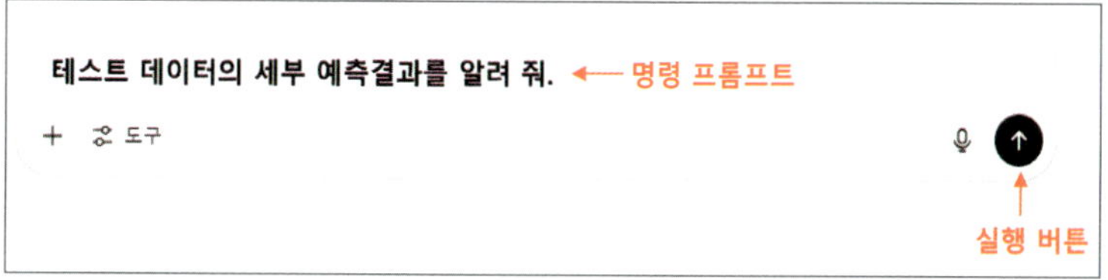

[그림 9-5] 챗GPT에 세부 결과 요청 프롬프트

　세부 예측 결과는 [그림 9-6]과 같습니다. 첫 번째 환자의 결과를 살펴보면, 실제는 심장병 '음성(0)'인데, 모델도 '음성(0)'이라고 맞게 분류한 것을 볼 수 있습니다. 오른쪽의 투표 결과 부분을 살펴보면, 이 결과는 100개의 의사결정나무 중 78개가 '음성(0)'으로, 22개가 '양성(1)'으로 예측하였기 때문에, 다수결 원칙에 따라 최종적으로 '음성'으로 분류된 것입니다. 두 번째 환자의 결과로, 실제는 '양성(1)'이며, 모델도 '양성(1)'이라고 맞게 분류하였습니다. 100개의 의사결정나무 중 18개가 '음성(0)'으로, 82개가 '양성(1)'으로 예측하여, 최종 결과가 '양성'이라고 나온 것임을 알 수 있습니다. 이러한 방식으로 모든 테스트 데이터에 대한 세부 예측 결과를 확인할 수 있습니다.

Random Forest All Vote Results

	Sample Index	실제 결과 Actual Label	예측 결과 Predicted Label	투표 결과 Vote Count
1	0	0	0	{0.0: 78, 1.0: 22}
2	1	1	1	{0.0: 18, 1.0: 82}
3	2	1	1	{1.0: 96, 0.0: 4}
4	3	1	1	{1.0: 94, 0.0: 6}
5	4	0	0	{0.0: 91, 1.0: 9}

[그림 9-6] 랜덤포레스트 세부 예측 결과

지금까지 랜덤포레스트를 사용하여 심장병 진단 모델을 구축하고 성능 평가 방법을 살펴보았습니다. 랜덤포레스트는 의사결정나무보다 일반적으로 높은 성능과 안정적인 결과를 도출하며, 모델이 과거 사례에 지나치게 맞춰져서 새로운 문제를 잘 해결하지 못하는 과적합 문제가 적게 발생하는 기법으로 평가받고 있습니다.

그러나 랜덤포레스트에도 단점은 존재합니다. 여러 개의 의사결정나무를 만들어야 하므로 상대적으로 계산에 많은 시간과 컴퓨팅 자원이 소요되고, 의사결정나무와는 달리 모델의 의미를 명확히 설명하기 어렵습니다. 여러 의사결정나무의 결과를 종합하여 예측했다 정도의 설명만 가능하죠.

따라서 모델의 의미를 해석하는 것보다는 안정적으로 좋은 결과를 도출하는 것이 중요한 상황에서 랜덤포레스트를 활용하는 것이 효과적입니다.

챗GPT 명령어 정리   🔍 랜덤포레스트

1. (분석할 파일을 첨부한 후) "첨부된 데이터로 랜덤포레스트 분석."
2. "테스트 데이터의 세부 예측 결과를 알려 줘."

데이터의 분포 살펴보기 

앞의 심장병 데이터를 보다 정확히 분류하기 위해서는 종속변수의 클래스 분포를 확인하는 것이 좋습니다. 예를 들어, 심장병 데이터에서 '양성(심장병 있음)'과 '음성(심장병 없음)'인 데이터 수가 비슷한 비율로 있는지 살펴보는 것입니다.

왜 종속변수의 분포를 확인해야 할까요?

만약 데이터의 분포가 불균형하다면, 이 데이터를 학습해서 만들어진 모델도 편향된 결과를 내기 쉽기 때문입니다. 예를 들어, 심장병 데이터에 '음성(질병 없음)'인 데이터가 90%이고, 10%만 '양성(질병 있음)'인 경우, 모델은 모든 사람을 '음성(질병 없음)'이라고 분류해도 90%의 높은 정확도를 확보할 수 있습니다. 따라서 굳이 모델이 10%밖에 안 되는 '양성'을 정확하게 맞추기 위해 열심히 모델을 학습시키지 않고, 90%를 차지하는 다수 클래스인 '음성'에 편향된 결과를 도출하게 되는 것이죠.

그러면 정확도가 높으면 편향된 결과를 도출해도 괜찮은 것일까요?

그렇지 않습니다. 모델의 정확도가 높아도, 실제로 심장병이 있는 '양성' 환자를 제대로 잡아내지 못한다면 환자가 치료 기회를 상실해서 사망에 이를 수도 있죠. 즉, 정확도가 높다고 반드시 좋은 모델이라고 볼 수 없으며, 모델이 각 클래스를 고르게 잘 예측할 수 있어야 합니다.

요컨대, 불균형 데이터를 학습해서 만들어진 모델은 편향된 결과를 도출하기 때문에 위험합니다. 그렇기 때문에 종속변수의 클래스 분포를 먼저 확인하고, 만약 데이터 분포가 불균형 하다면 모델 학습 시 클래스의 중요도를 균등하게 반영해 주는 것이 필요합니다.

그럼 챗GPT에서 데이터의 종속변수 클래스 분포를 확인해 보겠습니다. 챗GPT 메시지창에 "종속변수의 클래스 분포"라고 요청하면 됩니다. 이 명령을 실행하면 [그림 9-7]처럼 종속변수인 심장병 클래스의 분포가 나타납니다. 'Positive(양성)'인 사람이 508명이고, 'Negative(음성)'인 사람이 410명이니 양성이 음성보다 많은 불균형

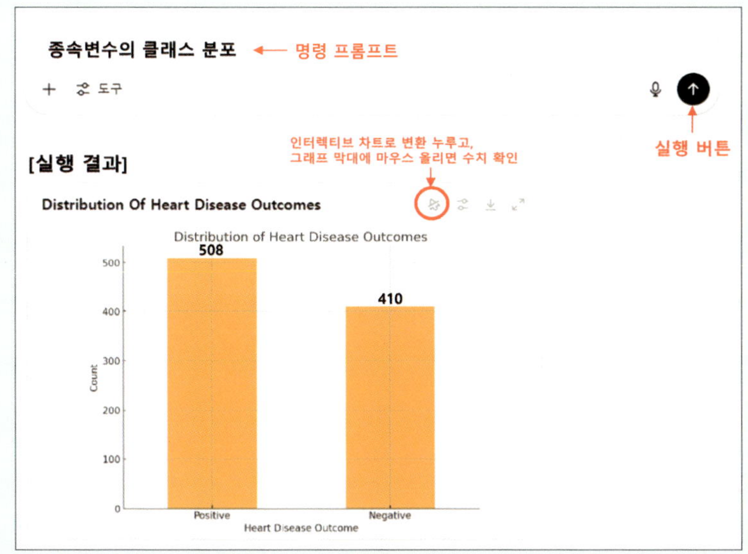

[그림 9-7] 종속변수의 클래스 분포 확인

데이터임을 알 수 있죠.

종속변수가 불균형 분포를 갖기 때문에, 모델을 생성할 때 각 클래스 중요도를 균등하게 반영해 달라고 명시하는 것이 좋습니다. 한국어로 "클래스 중요도를 균등하게 반영해서 랜덤포레스트 분석"이라고 요청하거나 "랜덤포레스트 분석.class_weight = 'balanced'"라고 [그림 9-8]처럼 명시하면 됩니다.

이렇게 생성된 모델은 각 클래스의 중요도를 동일하게 반영했기 때문에, 한쪽 클래스에 치우친 결과를 도출하지 않고 각 클래스를 고르게 잘 예측하게 됩니다.

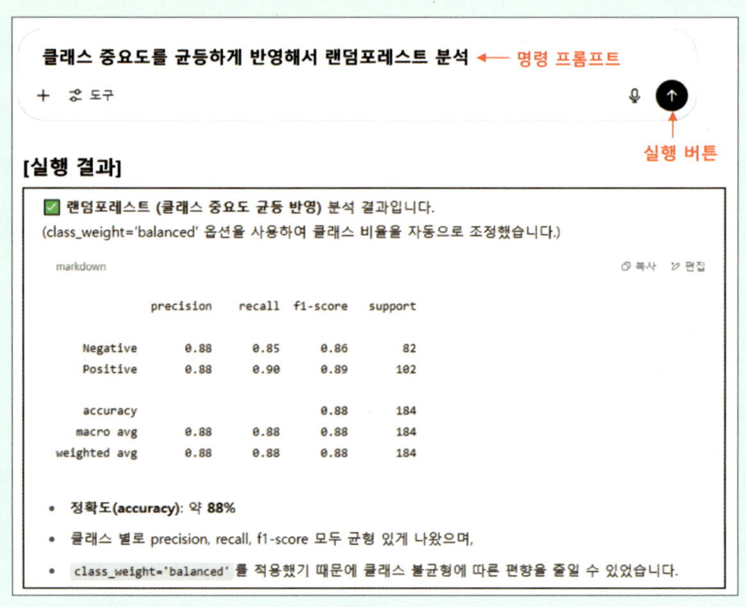

[그림 9-8] 클래스 중요도를 균등하게 반영하여 랜덤포레스트로 분석한 결과

10 인공신경망: 손 글씨를 자동으로 인식하기

손 글씨를 알아보기가 날이 갈수록 어려워지고 있습니다. 학생들 시험지를 채점할 때면 무슨 글자인지 도무지 알아보기 어려울 때가 한두 번이 아닙니다. 컴퓨터로 문서를 작성하는 것이 일상화되면서 필체가 점점 나빠졌기 때문이죠. 인공지능이 손 글씨를 인식해서 글자를 추출해 준다면 읽기도 쉽고, 자료를 저장하거나 분석하기에도 한결 편리할 텐데 말입니다.

이렇게 컴퓨터가 손으로 쓴 글씨 또는 종이에 인쇄된 글씨 등을 인식하여 디지털 형식으로 변환하는 기술을 광학문자인식, 영어로는 OCR(Optical Character Recognition)이라고 합니다. OCR 기술은 자동차의 번호판을 인식하거나 손으로 쓰여진 오래된 원고나 기록 등을 디지털화하여 컴퓨터에 보관하는 데 활용되죠. 아파트 주차장 입구에서 자동차 번호를 인식한 후 차단기를 열어 주거나, 시각장애인을 위해 인쇄된 자료를 음성 또는 점자 형태로 변환하는 판독기에도 OCR 기술이 사용됩니다.

이러한 OCR에는 인공지능 기술이 사용됩니다. 특히 복잡한 이미지를 인식하는 데 좋은 성능을 도출하는 인공신경망 또는 딥러닝 기술이 많이 활용됩니다. 손 글씨는 같은 글자라도 사람마다 글씨체 달라서 조금씩 다르게 쓰여지는 복잡한 이미지 데이터이기 때문입니다.

여기서는 손 글씨로 쓰여진 숫자들을 인식하여 무슨 숫자를 쓴 것인지 맞추는 인공신경망 모델을 만드는 것을 목표로 합니다. 즉, [그림 10-1]과 같이 손 글씨 이미지를 입력하면 무슨 숫자인지를 분류하는 인공신경망 모델을 만드는 것이 목표입니다.

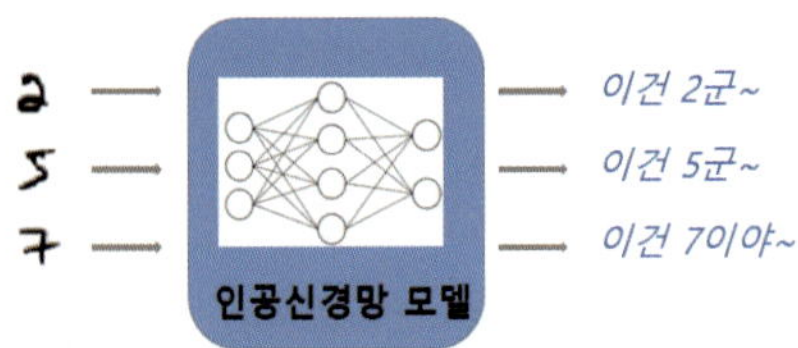

[그림 10-1] 손 글씨를 인식하는 인공신경망 모델 사례

이번 실습에는 손 글씨 숫자 이미지 데이터셋*을 사용하겠습니다. 이 데이터셋은 손 글씨로 쓰인 숫자 0~9에 대한 이미지와 이 이미지가 나타내는 실제 숫자에 대한 결괏값을 포함하는 데이터 총 1,797개로 구성됩니다.

손 글씨 숫자 이미지는 [그림 10-2]와 같은 픽셀이라고 부르는 격자 모양의 영역들로 구성되는데, 각 픽셀에는 밝기를 나타내는 값이 있습니다. 예를 들어, 흰색은 0, 검정색은 16으로 표현될 수 있죠. 이렇게 각 픽셀 별 밝기로 손 글씨 이미지가 표현됩니다. 원래 손

---

* 사이킷런(https://scikit-learn.org/) 라이브러리에 내장된 digits 데이터셋.

글씨 이미지는 2차원 배열이지만 기본적인 인공신경망 모델은 2차원 데이터를 처리할 수 없기 때문에 이 분석에는 1차원 데이터로 변환되어 64개 속성값을 갖는 데이터가 사용됩니다.

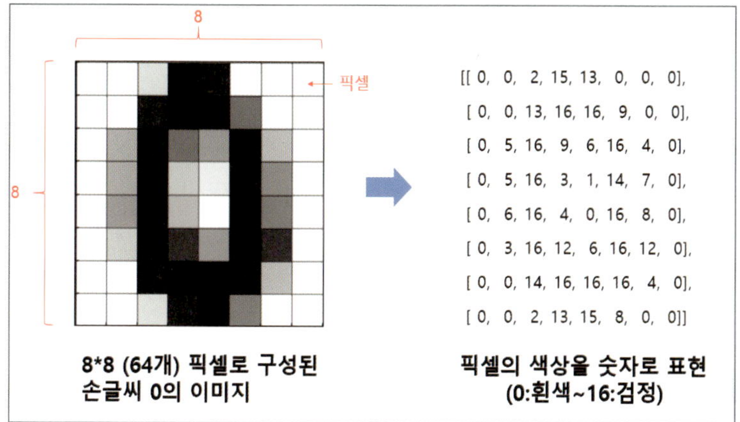

[그림 10-2] 손 글씨 숫자의 이미지 데이터를 숫자로 표현

우선, '손 글씨_숫자.CSV' 파일을 학지사 홈페이지에서 다운로드합니다. 처음 64개의 속성은 손 글씨 이미지에 대한 색상 정보이며, 마지막 열이 해당 이미지가 나타내는 실제 숫자입니다. 요컨대, 첫 64개의 열이 독립변수이며, 마지막 열이 종속변수입니다.

손글씨 이미지 정보 (독립변수)					종속변수
0	1	2	*중간 생략*	63	실제 숫자
0	0	15	…………	0	0
0	3	13	…………	0	9

[그림 10-3] 데이터 형태

　그럼 본격적으로 인공신경망 모델을 만들어 보겠습니다.

　챗GPT로 가장 간단하게 손 글씨를 인식하는 인공신경망모델을 만드는 방법은, 메시지창에서 첨부파일 버튼을 눌러 파일을 첨부한 후, "첨부된 데이터로 손 글씨 인식 인공신경망 분석"이라고 요청하는 것입니다 ([그림 10-4] 참조). 명령을 실행시키면, 이후 과정은 자동으로 수행됩니다.

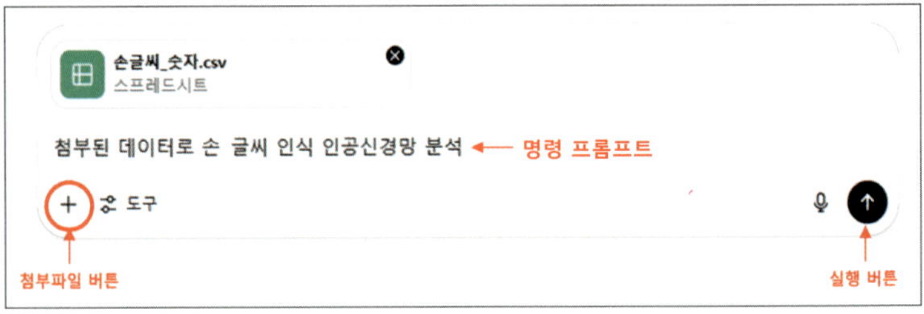

[그림 10-4] 챗GPT로 손 글씨를 인식하는 인공신경망 모델을 만드는 명령 프롬프트

　챗GPT의 분석 결과를 살펴보겠습니다. 챗GPT는 [그림 10-5]와 같이 데이터를 읽고, 분석을 수행할 단계를 정리한 후, 이에 따라서 모델을 만들어서 최종적인 성능을 도출한 것을 볼 수 있습니다.

　[그림 10-5]의 결과를 과정별로 살펴보면, 첫 번째로 데이터의 특성 및 변수들을 인식합니다. 챗GPT는 데이터가 총 1,797개의 손 글씨 숫자 샘플임을 인식하고, 이 중 64개가 숫자의 이미지이고 1개의 정답으로 구성되어 있음을 파악합니다.

　두 번째로 분석을 수행할 단계를 설정합니다. 분석은 총 4단계로 구성되어 있으며, 1단계에서 데이터를 학습 및 테스트 데이터로 8:2

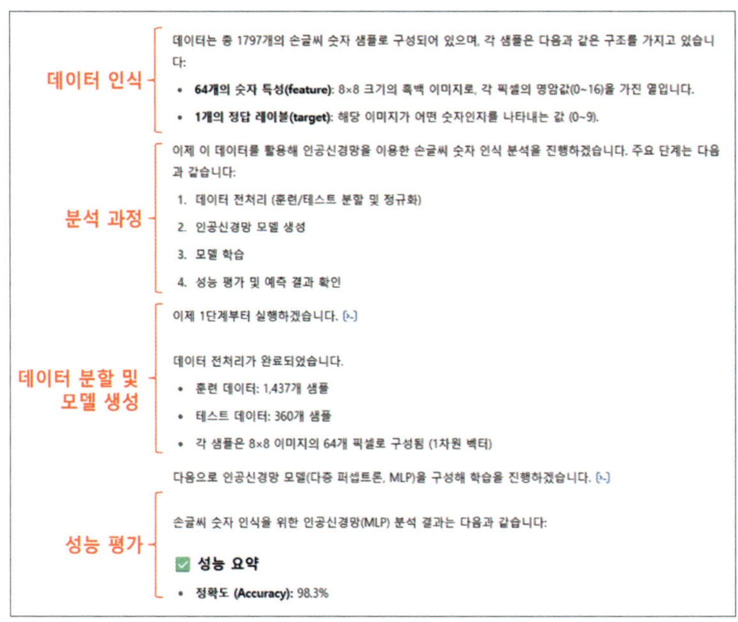

[그림 10–5] 챗GPT의 인공신경망 분석 결과

비율로 분할한 후, 2단계에서 인공신경망 모델을 만들고, 3단계에서 학습 데이터로 모델을 학습시키며, 마지막 4단계에서 테스트 데이터로 모델의 성능 평가 및 예측 결과를 확인하는 과정으로 진행될 것입니다.

세 번째에서는 앞에서 설명한 과정에 따라서 분석이 진행되고 인공신경망 모델이 실제로 만들어집니다.

마지막으로, 생성된 모델의 성능 평가 결과가 도출됩니다. 모델의 정확도는 98.3%으로 도출되었으며, 이는 손 글씨 테스트 데이터 360건 중 354건을 맞게 인식했고 6건만 틀렸음을 나타내는 결과임니다. 모델이 상당히 정확하게 손 글씨를 인식하고 있음을 알 수 있습니다.

여기까지만 분석해도 인공신경망 모델을 만들고 종합적인 모델 성능을 평가할 수 있습니다. 다만, 추가적으로 제시된 [그림 10-6]와 같은 세부 결과를 활용하면 각 숫자별 예측 성능을 보다 자세히 살펴볼 수 있습니다.

🔍 분류 리포트 주요 내용

숫자	정밀도 (Precision)	재현율 (Recall)	F1 점수
0	1.00	1.00	1.00
1	1.00	1.00	1.00
2	1.00	1.00	1.00
3	0.97	0.97	0.97
4	1.00	1.00	1.00
5	0.94	0.96	0.95
6	0.97	0.97	0.97
7	1.00	0.97	0.99
8	1.00	1.00	1.00
9	0.97	0.97	0.97

📌 요약 정리

- 대부분의 숫자를 정확하게 인식하고 있으며, 특히 0, 1, 2, 4, 8은 완벽하게 분류됨.

[그림 10-6] 챗GPT로 수립한 인공신경망 모델의 세부 성능 평가 결과

[그림 10-6]에서 정밀도란 예측이 실제로 맞은 비율이며, 재현율

이란 실제를 맞게 예측한 비율을 나타냅니다. 예를 들어, 숫자 5의 결과를 살펴보면 정밀도는 0.94로 모델이 '5'라고 예측한 이미지 중 94%가 실제 '5'이고 나머지 6%는 틀렸음을 의미합니다. 반면, 재현율은 0.96으로 실제 '5'인 이미지를 모델이 '5'라고 정확히 분류한 비율이 96%이며 나머지 4%는 틀렸다는 의미입니다.

F1 점수는 정밀도와 재현율의 조화 평균값으로 계산되는데, 쉽게 정밀도와 재현율의 종합적인 결과라고 이해할 수 있습니다. F1 점수가 1인 0, 1, 2, 4, 8의 경우 모델이 해당 숫자의 손 글씨는 완벽하게 분류했음을 나타냅니다.

마지막으로, 테스트 데이터 각각의 세부 예측 결과를 확인해 보겠습니다. 챗GPT 메시지창에 "테스트 데이터 전체의 세부 예측 결과를 알려 줘."라고 [그림 10-7]과 같이 요청합니다.

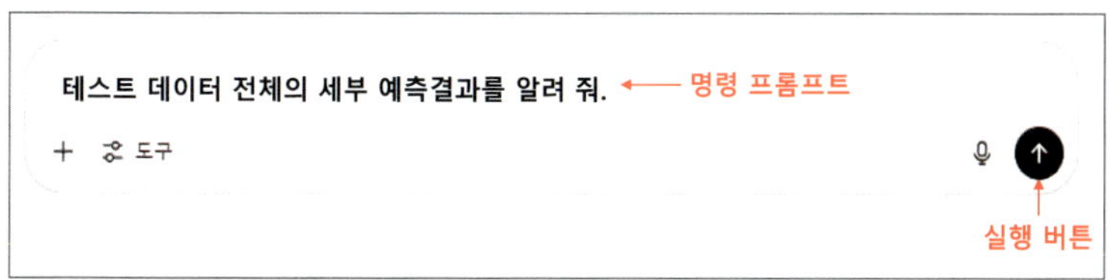

[그림 10-7] 챗GPT에 세부 결과 요청 프롬프트

이 요청에 대한 세부 결과는 [그림 10-8]과 같으며, 각 테스트 데이터별 실제값 및 예측값를 확인할 수 있습니다.

다운로드 버튼

손 글씨 테스트 예측 결과

	63	실제값	예측값	정답여부
1	0	6	6	True
2	0	9	9	True
3	0	3	3	True
4	0	7	7	True
5	0	2	2	True
6	9	1	1	True

[그림 10-8] 테스트 데이터에 대한 세부 예측 결과

지금까지 챗GPT를 사용한 인공신경망 모델의 수립 과정에 대해서 살펴봤습니다.

이러한 인공신경망 계열의 기법들은 기존에 다른 머신러닝 기법들이 잘 해결하지 못하던 복잡한 문제들을 우수한 성능으로 해결하며 현대 인공지능을 이끄는 주요한 기술로 자리매김하고 있습니다.

하지만 인공신경망 기법을 사용할 때 주의 사항이 있습니다. 제1부 '3. 목적에 맞게 골라 쓰는 인공지능 기법들'에서 설명했듯이, 인공신경망 기법은 왜 그런 결과를 도출했는지 이유를 잘 설명하지 못합니다. 앞의 사례처럼 손 글씨를 잘 인식하기만 한다면, (모델이 왜 그렇게 인식했는지) 이유를 설명하지 않아도 되는 경우, 이러한 한계점은 큰 문제가 되지 않습니다. 하지만 모델의 설명 능력이 요구

되는 문제에 인공신경망 계열의 기법을 적용하는 것은 적절한 선택이 아닐 수 있으니 유의해야 합니다.

챗GPT 명령어 정리　　🔍 손 글씨 인식 인공신경망

1. (분석할 파일을 첨부한 후) "첨부된 데이터로 손 글씨 인식 인공신경망 분석"
2. "테스트 데이터 전체의 세부 예측 결과를 알려 줘."

11. 군집분석: 휴대 전화 통화 패턴에 따른 고객군 세분화하기

휴대 전화가 보급되면서 많은 사람이 전화와 한 몸이 된 듯 생활하는 모습을 종종 볼 수 있습니다. 하지만 잘 살펴보면 사람들이 휴대 전화를 사용하는 목적과 방식에는 서로 상당한 차이가 있습니다.

어떤 사람은 거래처와 업무를 협의하기 위해 주간에 통화를 하고, 또 어떤 사람은 연인과 대화를 나누기 위해 밤새도록 야간에 전화 통화를 합니다. 주중에는 전화를 잘 사용하지 않다가 주말에만 멀리 사는 부모님께 전화로 안부를 여쭙는 경우도 있고, 반면 전화 통화보다는 메신저로만 소통하는 것을 선호하는 사람도 있죠.

이렇듯 고객에 따라서 휴대 전화를 사용하는 방식이 다양하게 나타날 수 있기 때문에 통신 회사는 자사의 고객들이 언제, 얼마나 자주, 얼마나 길게, 어떠한 대상과 통화하는지 등에 대한 패턴을 파악할 필요가 있습니다. 그래야 고객의 니즈에 맞는 통신 서비스를 제공할 수 있으니까요. 단순히 통화서비스만 제공하고 고객들의 잠재된 니즈를 파악하지 못한다면, 고객은 자신에게 맞는 서비스를 제공하는 다른 통신 회사로 떠날 수 있습니다.

실제로 여러 통신 회사가 고객의 통화 특성에 맞는 차별화된 통신 상품들을 출시하고 있습니다. 업무용 통화와 사적인 통화를 모두 많이 하는 사용자들이 사생활 침해 없이 하나의 폰으로 2개의 번호를 구분해서 받을 수 있도록 하는 듀얼번호 서비스도 있고, 국제전화를 많이 하는 고객을 위해 월정액을 내면 국제전화를 대폭 할인된 금액에 이용할 수 있는 서비스도 있습니다.

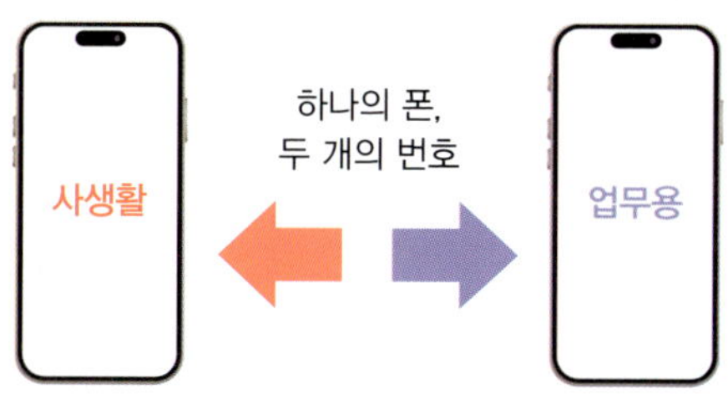

[그림 11-1] 고객별 맞춤화된 통신 서비스 사례

　이렇게 고객의 특성을 고려한 상품이나 서비스를 제공하기 위해서는 먼저 비슷한 성향의 고객들을 그룹화할 필요가 있습니다. 고객들을 몇 개의 그룹으로 묶어서 각 그룹별 특성에 맞는 서비스를 제공하면 훨씬 효율적으로 맞춤화된 서비스를 제공할 수 있기 때문이죠.

　머신러닝에서 이렇게 비슷한 특성을 갖는 데이터들을 그룹으로 묶는 기법을 '군집분석'이라고 합니다. 군집분석은 데이터 간 거리에 기반해서 인접한 데이터들을 군집으로 묶는 기법으로 비지도학습에 해당합니다. 즉, 결괏값을 예측하거나 분류하는 것이 목적이 아니라, 유사한 데이터를 그룹화한 후 각각의 데이터가 어떤 군집에 속하는지, 그리고 각 군집의 특성이 무엇인지를 파악하는 데 목적이 있습니다.

이제부터 통신 회사의 통화 내역을 군집 분석하여 유사한 통화 패턴을 갖는 고객들을 그룹화하고, 각 군집별의 통화 특성을 살펴보겠습니다.

군집분석에 사용할 데이터는 통신회사 고객 3,237명의 통화 정보를 포함하는 '통신고객.CSV'입니다. 이 데이터는 〈표 11-1〉과 같이 성별, 나이와 같은 인물 정보를 비롯하여 주간/야간/주말/국제전화에 대한 통화 횟수 및 시간과 관련된 변수들로 구성되어 있습니다.

〈표 11-1〉 통신고객 데이터 변수

번호	변수명	설명
1	고객 ID(Customer_ID)	고객의 고유번호
2	성별(Gender)	고객의 성별(남성: M, 여성: F)
3	나이(Age)	고객의 나이
4	주간 통화 횟수(Peak_calls_Sum)	주간 피크타임에 통화한 총 횟수
5	주간 통화 시간(Peak_mins_Sum)	주간 피크타임에 통화한 총 시간 (단위: 분)
6	야간 통화 횟수(OffPeak_calls_Sum)	야간 시간대 통화 총 횟수
7	야간 통화 시간(OffPeak_mins_Sum)	야간 시간대 통화 총 시간(단위: 분)
8	주말 통화 횟수(Weekend_calls_Sum)	주말에 통화한 총 횟수
9	주말 통화 시간(Weekend_mins_Sum)	주말에 통화한 총 시간(단위: 분)
10	국제 전화 시간(International_mins_Sum)	국제전화 시간(단위: 분)

우선, ‘통신고객.CSV’ 파일을 학지사 홈페이지에서 다운로드합니다. 이번 분석에서는 고객을 통화 패턴에 따라서 군집분석 할 것이므로 고객 ID, 성별, 나이 등은 제외하고 통화 패턴과 관련된 4~10번 변수만 분석에 사용하겠습니다.

챗GPT를 사용해서 군집분석을 수행하는 가장 단순한 방법은 챗GPT 메시지창에 파일을 첨부한 후, “군집분석 해 줘.”라고 요청하는 것입니다. 이때 통화 패턴과 관련된 변수들만 사용하기 위해, [그림 11-2]와 같이 “통화 관련 변수들로 군집분석 해 줘.”라고 명시한 후 실행해 보겠습니다.

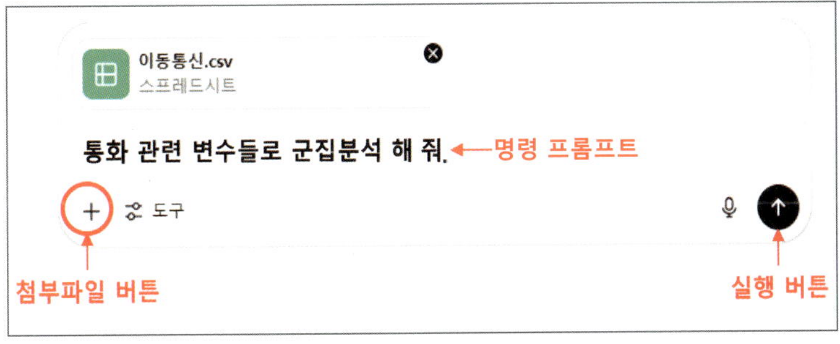

[그림 11-2] 챗GPT를 사용한 군집분석 수행을 위한 명령 프롬프트

그럼 챗GPT의 도출 결과를 살펴보겠습니다. 챗GPT는 우선 통화 패턴과 관련된 변수가 무엇인지 파악한 후, 어떤 단계를 거쳐 군집분석을 수행할지에 대한 단계별 과정을 [그림 11-3]과 같이 설명합니다.

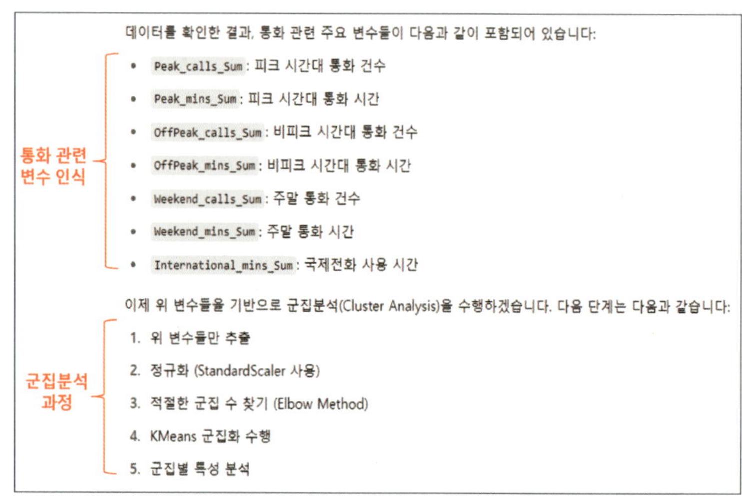

[그림 11-3] 챗GPT의 분석 결과(변수 인식 및 분석 과정 부분)

[그림 11-3]의 '통화 관련 변수 인식' 부분을 보면, 통화 패턴과 관련된 변수들로 피크시간대, 즉 근무시간 대 통화 횟수(Peak_calls_Sum) 및 시간(Peak_mins_Sum), 저녁시간대 통화 횟수(OffPeak_calls_Sum) 및 시간(OffPeak_mins_Sum), 주말 통화 횟수(Weekend_calls_Sum) 및 시간(Weekend_mins_Sum), 국제전화 사용시간(International_mins_Sum) 등 일곱 개의 변수가 인식된 것을 볼 수 있습니다.

[그림 11-3]의 '군집분석 과정' 부분을 보면, 그 과정이 단계별로 소개되어 있습니다.

- 1단계에서는 앞에서 인식한 일곱 개의 통화 패턴과 관련된 변

수들을 전체 데이터로부터 추출합니다.

- 2단계에서는 '정규화'를 수행합니다. 정규화란 변수들 간의 크기 또는 범위를 일정하게 맞추는 과정을 말합니다. 변수의 범위를 0에서 1 사이로 변환하거나, 또는 평균 0, 표준편차 1 사이의 값으로 맞추는 것을 의미합니다.

  그런데 왜 이런 과정이 필요할까요?

  이는 변수들의 측정 단위가 서로 다르면, 범위가 큰 변수들이 모델에 더 큰 영향을 미치기 때문입니다. 예를 들어, 통화 횟수는 '건수'로 측정되고, 통화 시간은 '분' 단위로 측정되는데, 일반적으로 '분' 단위의 범위가 훨씬 큽니다. 통화 한 번에 30분 이상 이야기하는 경우도 많기 때문이죠. 이를 정규화 없이 그대로 사용할 경우, 측정 단위가 다르다는 이유로 통화 시간이 통화 횟수보다 분석에 더 크게 영향을 미칠 수 있습니다. 따라서 군집분석을 수행하기 전에 정규화 과정을 통해 변수들의 범위를 맞춰 줘야 합니다.

- 3단계에서는 적절한 군집수를 찾습니다. 챗GPT에 별다른 설명 없이 군집분석을 요청하면, 가장 대표적인 군집분석 기법인 k-means 클러스터링이 수행됩니다. k-means 클러스터링은 간단하고, 빠른 실행속도와 직관적인 해석이 가능한 인기 있는 군집분석 기법입니다.

  이때 k-means 클러스터링의 'k'는 군집 수를 의미하는데, 기본적으로 사용자가 k값을 정해 줘야 합니다. 예를 들어, k=5라고 설정하면, 데이터가 5개의 군집들로 묶여지죠. 하지만 처음부터 k를 몇 개로 설정할지 정하기는 어렵기 때문에, 이번 실습에서는 k값을 처음에 지정하지 않았습니다. 그러면 챗GPT가 k값을 여러 번 바꿔 가면서 군집분석을 수행하여 적절한 k값을 [그림 11-4]와 같이 제안합니다. 적절한 군집 수로 3 또는 4가 추천되었군요. 선그래프에서 팔꿈치처럼 꺾인 지점이 적절한 군집 수인데, 이번 실습에서는 k=4로 설정하여 다음 단계를 진행하겠습니다.

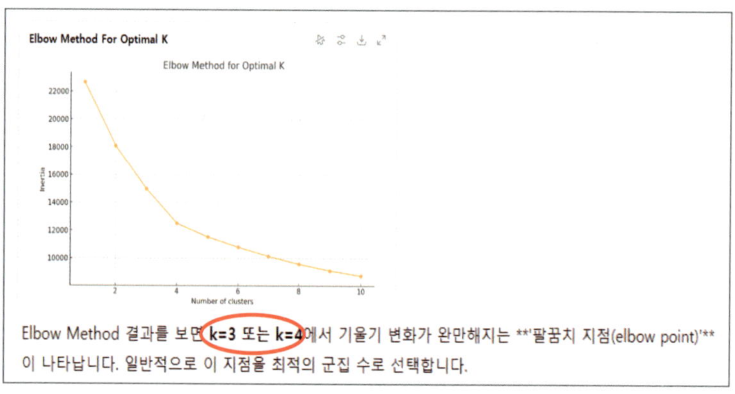

[그림 11-4] 챗GPT가 최적의 군집 수(k) 제안

• 4단계에서는 설정된 k값을 사용해서 k-means 클러스터링 기법으로 군집분석을 수행합니다. "k=4로 군집분석"이라고 챗GPT창에 명확하게 k를 설정해 보겠습니다([그림 11-5] 참조).

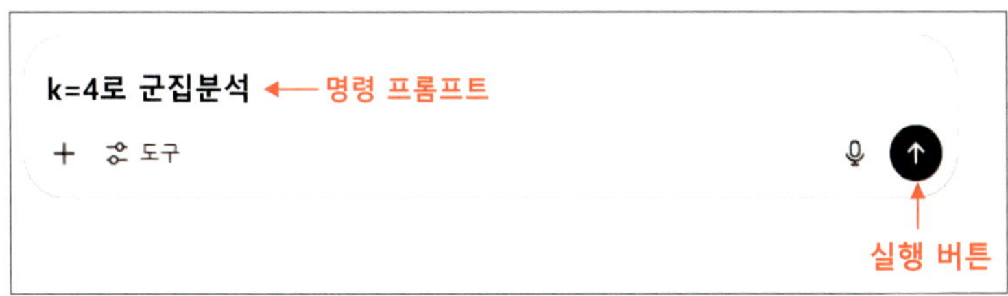

[그림 11-5] 챗GPT 명령 프롬프트에 군집 수(k) 설정

앞의 명령을 실행하면, 전체 데이터가 4개의 군집으로 나눠지며 분석이 완료됩니다.

[그림 11-6]의 결과를 살펴보면, 상단의 표 부분에는 Cluster 0~Cluster 3까지 총 4개의 군집과 각 군집별 중심값이 나타나 있고, 하단 부분에서 챗GPT가 군집별 특성을 요약하여 설명하고 있습니다.

Cluster Summary

	Cluster	Peak_calls_Sum	Peak_mins_Sum	OffPeak_calls_Sum	OffPeak_mins_Sum	Weekend_calls_Sum	Weekend_mins_Sum	International_mins_Su
1	0	189.82	613.21	87.39	272.0	41.26	98.58	149.75
2	1	162.28	571.07	227.76	536.37	11.78	42.17	184.18
3	2	129.48	443.0	51.58	191.23	9.39	33.42	97.86
4	3	546.66	1421.97	85.18	284.9	13.0	45.21	332.07

- **Cluster 0:**
  - 피크시간(주간) 통화량이 많고, 주말 통화도 활발함
  - → 일상 통화 사용자 (평일+주말 고루 사용)
- **Cluster 1:**
  - 비피크(야간) 통화량이 매우 많음
  - 다른 시간대보다 야간에 통화가 집중
  - → 야간 통화 중심 사용자
- **Cluster 2:**
  - 전체적으로 모든 시간대 통화량이 낮음
  - → 저사용자군
- **Cluster 3:**
  - 피크시간대 통화량이 압도적
  - 국제전화 시간도 매우 높음
  - → 피크/국제전화 집중 사용자

[그림 11-6] k=4로 설정했을 때 군집분석 결과

앞의 결과에서 챗GPT가 군집별 특성을 요약해 주기는 했지만, 각 군집별 특성은 직접 중심값을 확인하면서 해석해 보는 것이 좋습니다([그림 11-6] 참조).

- '클러스터 0'은 주말 통화량이 가장 높은 고객군으로 주간 통화도 비교적 높은 편입니다.
- '클러스터 1'은 야간 통화량이 압도적으로 높게 나타난 반면, 주간의 피크 시간대에는 통화량이 적습니다. 이 군집은 업무용으로 전화를 사용하기보다는 일과를 마친 저녁에 사적인 용도로 전화를 사용하는 고객군으로 추측해 볼 수 있겠습니다.
- '클러스터 2'는 전체적으로 가장 통화량이 적은 저사용자군입니다. 통화 자체를 잘 하지 않는 고객군인데, 메신저나 SNS 등 다른 채널을 사용해 소통하는 것을 선호하기 때문일 수도 있습니다.
- '클러스터 3'은 주간 피크시간대 통화량이 압도적으로 높고, 다른 군집에 비해 국제전화 시간이 가장 긴 군집임을 알 수 있습니다. 업무목적으로 통화를 많이 하는 고객군이 아닐까 생각됩니다.

다음으로, 각 데이터별로 군집분석이 수행된 결과를 확인해 보겠습니다. 챗GPT 메시지창에 "데이터별 군집분석 세부 결과"라고 요청하면, [그림 11-7]과 같이 각 데이터들이 어떤 군집에 소속되었는지에 대한 세부 결과를 확인할 수 있습니다. 이 결과는 우측 상단의 '다운로드' 버튼을 눌러서 파일로 저장할 수 있습니다.

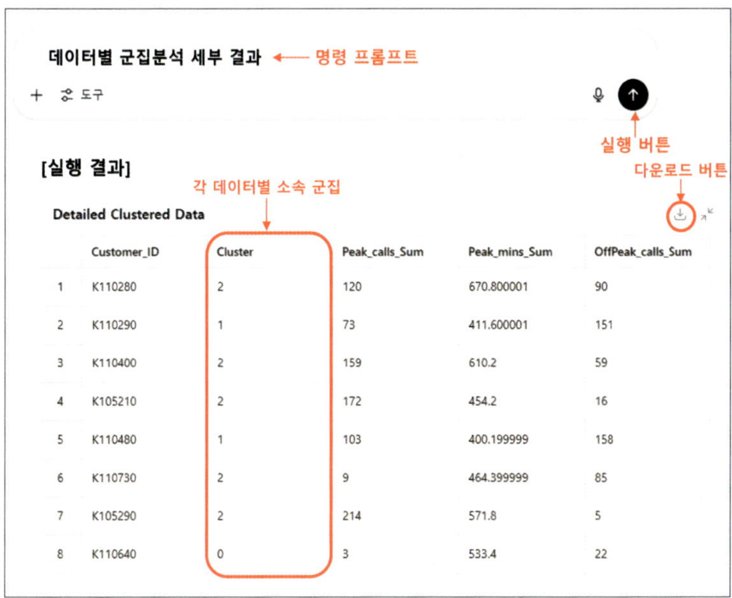

	Customer_ID	Cluster	Peak_calls_Sum	Peak_mins_Sum	OffPeak_calls_Sum
1	K110280	2	120	670.800001	90
2	K110290	1	73	411.600001	151
3	K110400	2	159	610.2	59
4	K105210	2	172	454.2	16
5	K110480	1	103	400.199999	158
6	K110730	2	9	464.399999	85
7	K105290	2	214	571.8	5
8	K110640	0	3	533.4	22

[그림 11-7] 군집분석 세부 결과 및 저장

추가적으로, 군집분석에서 각 군집별 특성을 시각화하고 싶다면 '히트맵'이라는 그래프를 사용하면 유용하니 참조하기 바랍니다. 챗GPT 메시지창에 "**군집별 특성을 히트맵으로 시각화**"라고만 요청하면 챗GPT가 알아서 그래프를 그려 주니 해석만 할 수 있으면 됩니다 ([그림 11-8] 참조). 예를 들어, '클러스터 3'을 살펴보면 Peak-mins_Sum이 아주 진하게 나타나 있는데, 이는 해당 군집의 주간 통화 시간이 대단히 길다는 것을 의미합니다. 반면, '클러스터 2'는 전체적으로 색깔이 흐리게 표시되어 있어서 전반적인 통화량이 낮은 고객군임을 시각적으로 나타내고 있습니다.

[그림 11-8] 군집분석 결과를 히트맵으로 시각화

지금까지 챗GPT에서 군집분석을 수행하는 방법 및 결과해석에 대해서 살펴보았습니다. 군집분석은 마케팅에서 고객군을 세분화하거나, 서로 다른 정치성향을 갖는 유권자들을 나눌 때 등 다양한 사회 분야에 활용되고 있습니다.

챗GPT 명령어 정리　🔍 손 글씨 인식 인공신경망

1. (분석할 파일을 첨부한 후) "통화 관련 변수들로 군집분석 해 줘. (k=군집 수)"
2. "데이터별 군집분석 세부 결과"
3. "군집별 특성을 히트맵으로 시각화"

12 토픽모델링: 수천 개의 뉴스 기사를 주제별로 자동 구분하기

　정보의 홍수 시대입니다. 매일같이 쏟아지는 뉴스 기사들 속에서 무엇을 읽어야 할지 두리번거리다 대충 뉴스 기사 제목만 읽고는 넘어가 버릴 때가 한두 번이 아니죠. 자료를 조사할 때도 상황은 비슷합니다. 최신 자료들을 빨리 읽고 주제를 파악해야 하는데, 끊임없이 나오는 자료들을 직접 하나씩 살펴보는 것이 버거울 때가 많습니다.

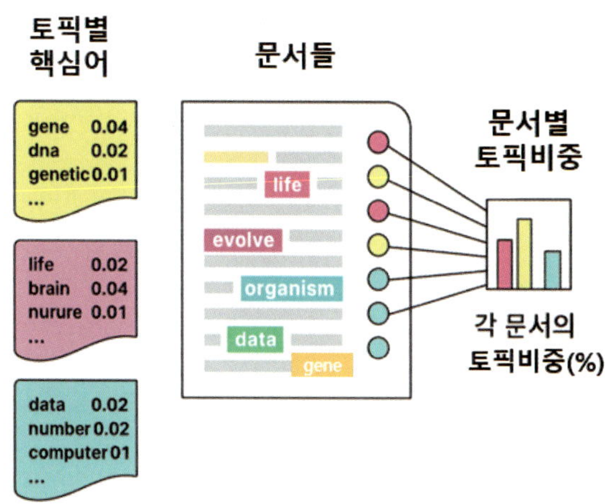

[그림 12-1] 토픽모델링의 사례

누군가 나를 대신해서 방대한 문서들을 읽고 핵심 주제를 정리해 준다면 얼마나 좋을까요? 관심 주제와 관련된 문서들만 골라서 핵심 주제를 정리해 준다면 업무 효율이 훨씬 높아질 텐데 말입니다.

이렇게 글 속에 숨겨진 주제를 찾아내는 인공지능 기법을 토픽모델링이라고 합니다.

그럼 토픽모델링은 어떻게 텍스트 속에서 주제를 찾아낼 수 있을까요?

핵심 단서는 바로 단어에 있습니다. 문서는 여러 단어로 구성되죠. 토픽모델링은 '문서에 사용된 단어들이 비슷하다면, 그 문서들은 서로 비슷한 주제를 다룰 것이다'는 가정에서 출발합니다.

만약 수천 개의 글들을 분석했더니 '인공지능' '기술' '딥러닝' 등의 단어들이 여러 글에서 자주 함께 등장한다면, 이 단어들이 공통 주제를 구성한다고 보고 'AI 기술'과 같은 하나의 토픽으로 인식합니다. 마찬가지로, '공연' '흥행' '관객' 등의 단어들이 함께 자주 나타난다면 '공연 성과'와 같은 또 다른 토픽을 찾아내는 것이죠. 즉, 토픽모델링은 여러 글에서 자주 함께 등장하는 단어들을 찾아내어 문서를 구성하는 '토픽'들을 인식하는 텍스트마이닝 기법입니다.

이때 하나의 문서는 대부분 여러 개의 토픽의 조합으로 구성됩니다. 즉, 하나의 문서가 하나의 토픽만 다루는 것이 아니라 여러 토픽의 조합으로 구성된다고 보는 것이죠. 만약 어떤 글이 AI 기술을 활용한 공연과 관련된 내용을 다루고 있다면, 토픽 1(AI) 70%, 토픽 2(공연) 30%처럼 이 문서가 각각의 토픽을 어느 정도의 비중으로 다루고 있는지 백분율로 보여 주는 것입니다.

이러한 특성을 활용하여 토픽모델링으로 문서를 분류할 수도 있습니다. 가장 높은 비중을 차지하는 토픽으로 문서를 분류하면 되니까요. 앞의 사례처럼 토픽 1(AI) 70%로, 토픽 2(공연) 30%일 경우, AI와 관련된 토픽을 더 비중 있게 다루는 문서이므로 'AI' 쪽으로 분류할 수 있습니다.

문서번호	토픽1 (K-pop)	토픽2 (AI기술)	토픽3 (공연)	토픽4 (영화)	토픽5 (기획사)
문서1		70%	30%		
문서2	50%		20%	20%	10%
문서3	20%	40%	40%		

[그림 12-2] 토픽모델링의 사례

이제부터 챗GPT를 사용해서 뉴스 기사를 토픽모델링으로 분석하는 실습을 수행하겠습니다. 실습에 사용할 데이터는 빅카인즈*라는 사이트에서 '인공지능'이라는 키워드를 사용해서 수집한 5,369개의 뉴스 기사를 포함하고 있습니다. 원본 데이터에는 뉴스가 게재된 날짜, 언론사, 기고자, 제목, 본문, 키워드, URL 등 다양한 정보를 포함하고 있는데, 이번 실습에서는 이중 '키워드'를 사용하겠습니다.

이번 실습에서 '본문'이 아닌 '키워드'를 사용하는 이유는, 챗GPT가 아직까지는 한글로 작성된 문서의 전처리를 잘 못하기 때문입니

* 빅카인즈(https://www.bigkinds.or.kr/)에서 뉴스 기사를 수집하는 방법은 '하나 더 알아가기(p. 132)'에 수록.

〈표 12-1〉 인공지능 뉴스 데이터 사례

언론사	제목	키워드	본문
파이낸셜 뉴스	AI와 개인정보 보호법	AI, 개인정보보호법, 정세진, 변호사, 알쓸데이터법, 인공지능, AI, 법률 이슈, 얘기, 개인, 정보, 보호법, 언급, 인공지능, 다량……	미국 빅테크에서 인공지능(AI) 기술 상용화를 한 경험을 바탕으로 한국에서 인공지능
아시아 경제	영어교육, 인공지능 디지털교과서 활용에 질문하고 답하다.	영어교육, 활용, 인공, 지능, 디지털, 교과서, 질문, 경기도교육청, 연수, 중등, 영어, 교사, 역량, 강화, 인공, 지능, 디지털……	경기도교육청(교육감 임태희)은 지난 28일 인공지능(AI) 디지털교과서 도입에 따른……
이투데이	이번엔 '딥페이크'까지 더 뜨거워진 미스코리아 폐지 목소리	딥페이크, 미스, 코리아, 폐지, 목소리, 해시태그, 미스코리아, 어른들, 최대, 칭찬, 문장, 미스코리아, 최고, 한국, 미인……	어른들의 최대 칭찬 중 하나였던 이 문장. '미스코리아'라는 건 한국 최고의 미인……

다. 토픽모델링을 수행하기 위해서는 문서에 포함된 불필요한 단어들, 소위 불용어를 제거하고 중요한 단어들만 추출하는 전처리 과정이 필요합니다. 하지만 챗GPT는 안타깝게도 한글 문서의 전처리를 잘 수행하지 못하기 때문에, 이번 실습에서는 전처리 과정 없이 바로 토픽모델링을 수행할 수 있는 '키워드'를 사용하겠습니다.

　우선 학지사 홈페이지에서 '뉴스_AI.xlsx' 파일을 다운로드받습니다. 이후, 챗GPT에 분석할 파일을 첨부한 후 "키워드로 토픽모델링 분석. 토픽 수=4"라고 [그림 12-3]과 같이 요청합니다.

토픽모델링을 수행할 때에는 전체 문서에서 몇 개의 주제를 추출할지 '토픽 수'를 사용자가 직접 정해야 합니다. 이때 너무 적은 수를 지정하면 토픽의 주제가 포괄적으로 나오고, 반면 너무 큰 수를 지정하면 주제들이 지나치게 세분화되며 해석이 어려워질 수 있기 때문에 적절한 수로 설정해야 합니다. 일반적으로 사용자가 시행착오를 거치면서 토픽 수를 찾아가는데, 이번 실습에서는 이 과정은 생략하고 4로 설정하였습니다. 토픽 수를 스스로 결정하기 어려울 경우, 챗GPT에게 토픽 수를 정해 달라고 요청하면 반복적으로 토픽 수를 바꿔 가면서 실험하여 적절한 수를 추천해 주기도 합니다.

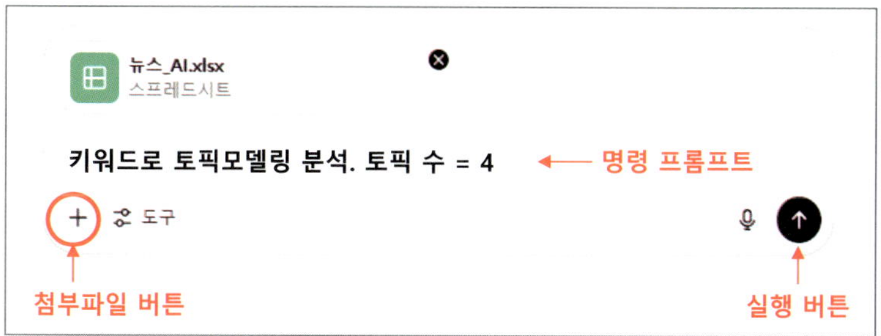

[그림 12-3] 챗GPT 토픽모델링 명령 프롬프트

앞의 명령을 실행하면, 전체 문서들에서 [그림 12-4]와 같이 네 개의 토픽과 각 토픽별 핵심 단어가 10개씩 추출된 결과를 볼 수 있습니다. 토픽 1은 AI 교육 및 지원사업, 토픽 2는 AI 서비스 및 데이터 활용, 토픽 3은 의료 및 로봇 분야의 AI 활용, 토픽 4는 AI를 활용한 미래산업과 관련된 단어들로 구성되어 각 토픽 간 차별성도 비교적 명확해 보입니다.

그런데 각 토픽을 구성하는 주요 단어를 살펴보니 문제가 좀 있어 보입니다. 토픽의 핵심 단어들은 각 토픽의 차별적인 특성을 명확히 나타낼 수 있어야 하는데, 모든 토픽에 'AI' '인공지능' '인공' '지능'이라는 단어들이 공통적으로 포함되어서 각 토픽별 차이를 구분하는 데 방해가 되고 있습니다.

사실 원본 데이터가 '인공지능'이라는 키워드로 검색한 뉴스 기사들을 수집한 것이기 때문에 모든 기사에 이러한 단어들이 나오는 것은 당연한 결과입니다. 하지만 이렇게 특정 분야에서 너무나 당

토픽모델링(토픽 수 = 4) 결과를 키워드 기준으로 분석하면 다음과 같습니다:

☑ **토픽 1**

- ai, 지원, 지역, 교육, 사업, 지능, 산업, 대학, 인공지능, 인공
   → 주로 **지역·대학 중심의 AI 교육·지원 사업** 관련 주제

☑ **토픽 2**

- ai, 기업, 서비스, 데이터, 시장, 활용, 제공, 지능, 인공, 인공지능
   → **기업과 시장에서 AI 서비스·데이터 활용** 주제

☑ **토픽 3**

- ai, 인공지능, 의료, 활용, 지능, 인공, 로봇, 데이터, 기업, 서비스
   → **의료·로봇 분야에서 AI 활용** 주제

☑ **토픽 4**

- ai, 지능, 인공지능, 인공, 교육, 산업, 활용, 미래, 교수, 디지털
   → **AI를 통한 미래 산업·교육 혁신** 주제

필요하시면 문서별로 어느 토픽에 속하는지 확률 분포도 보여드릴까요? 말씀해주세요! [>_]

[그림 12-4] 토픽모델링 결과(도메인 불용어 제거 전)

연하게 많이 등장하는 단어는 각 문서의 특징을 파악하는 데에는 오히려 방해가 되므로 제거하는 것이 좋습니다. 이러한 단어들을 '도메인 불용어'라고 하는데, '도메인'이란 영역 또는 분야 정도로 해석할 수 있고 '불용어'란 불필요한 단어를 의미하죠. 각 토픽별 차별성을 더욱 명확하게 파악하기 위해 도메인 불용어를 제거하고 다시 토픽모델링을 수행해 보겠습니다.

챗GPT에 "'AI' '인공지능' '인공' '지능' '활용' 등을 제거하고 다시 토픽모델링 수행"이라고 [그림 12-5]와 같이 재요청합니다. 그 결과,

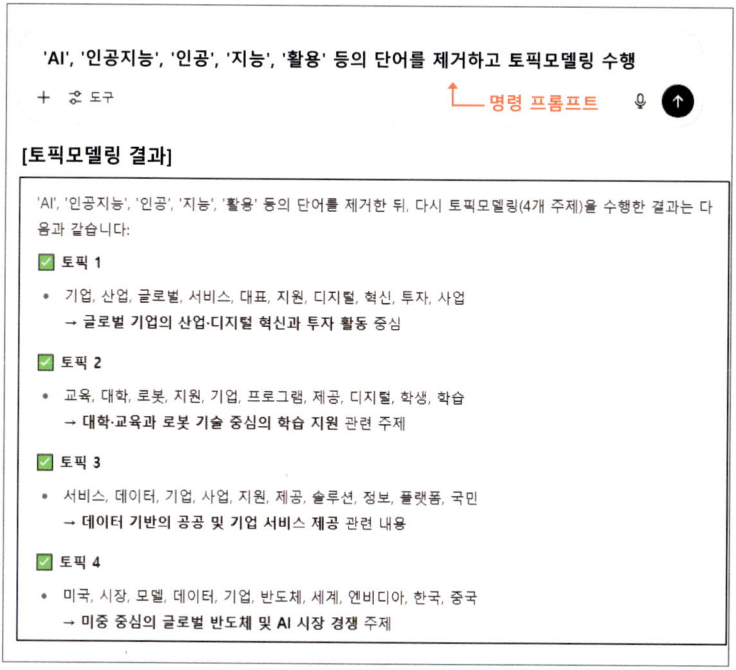

[그림 12-5] 도메인 불용어를 제거 후 토픽모델링 수행

이전보다 토픽별로 중복되는 단어가 거의 없이 각 토픽의 특성을 더욱 명확히 파악할 수 있는 단어들이 [그림 12-5]의 하단과 같이 추출된 결과를 볼 수 있습니다.

앞의 토픽모델링 결과를 살펴보면, 토픽 1은 글로벌 기업의 산업혁신, 토픽 2는 대학의 로봇 기술 교육, 토픽 3은 데이터기반 서비스 제공, 토픽 4는 글로벌 반도체 시장과 관련된 세분화된 주제를 다루고 있음을 파악할 수 있습니다.

그럼 각 토픽에 제목을 붙여 보겠습니다. 각 토픽에 간결한 제목을 붙이면, 토픽 1~토픽 4와 같이 번호로 부르는 것보다 의미가 더욱 명확해집니다. 일반적으로 사용자가 직접 토픽명을 정하지만, 챗GPT에 대신 토픽별 이름을 붙여 달라고 요청할 수도 있습니다.

챗GPT에 "토픽별 이름을 간결하게 붙여 줘."라고 [그림 12-6]과 같이 요청해 보겠습니다. 그 결과, 챗GPT가 '토픽 1: 산업혁신' '토픽

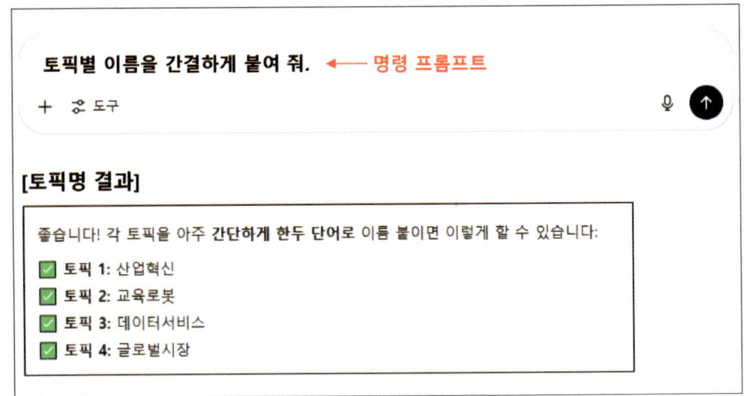

[그림 12-6] 토픽명 설정

2: 교육로봇' '토픽 3: 데이터서비스' '토픽 4: 글로벌시장' 등으로 토픽에 대한 이름을 붙여 주는 것을 확인할 수 있습니다. 토픽명이 마음에 들면 그대로 사용하고, 만족스럽지 않다면 다시 새로운 이름을 붙여달라고 요청하거나 직접 지정하면 됩니다.

다음으로, 각 문서별 토픽 비중이 어떻게 구성되어 있는지 살펴보겠습니다. 챗GPT 메시지창에 "**문서별 토픽 비중**"이라고만 입력하면, 각 문서별 토픽들의 비중이 [그림 12-7]과 같이 나타납니다. 우측 상단의 다운로드 버튼을 눌러서 전체 결과를 파일로 저장할 수도 있습니다.

각 문서별 토픽 비중을 살펴보면, 첫 번째 문서는 토픽 2(교육로봇)의 비중이 40%로 가장 높고, 토픽 4(글로벌 시장) 34%도 많이 다

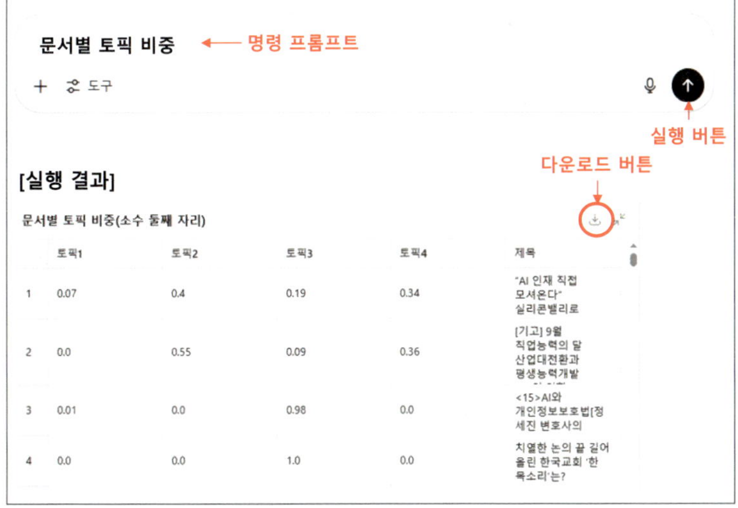

	토픽1	토픽2	토픽3	토픽4	제목
1	0.07	0.4	0.19	0.34	"AI 인재 직접 모셔온다" 실리콘밸리로
2	0.0	0.55	0.09	0.36	[기고] 9월 직업능력의 달 산업대전환과 평생능력개발
3	0.01	0.0	0.98	0.0	<15>AI와 개인정보보호법[정세진 변호사의
4	0.0	0.0	1.0	0.0	치열한 논의 끝 길어 올린 한국교회 '한목소리'는?

[그림 12-7] 문서별 토픽 비중

루고 있으며, 토픽 3(데이터서비스) 관련 내용은 19%, 토픽 1(산업혁신)은 7% 정도의 비중으로 구성되어 있음을 알 수 있습니다. 만약 이 문서를 토픽 1~4중 하나로 분류해야 한다면, 가장 높은 비중을 차지하는 토픽 2로 분류할 수 있을 것입니다.

마지막으로, 토픽모델링 결과를 사용하여 문서들을 분류해 보겠습니다. 즉, 각 문서를 토픽 1~토픽 4 중 가장 관련성이 높은 하나의 토픽 쪽으로 분류하는 것입니다. 챗GPT 메시지창에 "**토픽 비중이 높은 것으로 문서분류**"라고만 입력하면 문서들이 분류된 결과를 [그림 12-8]과 같이 확인할 수 있습니다. 이러한 문서 분류기능은

	제목	토픽 번호	주제 분류
1	"AI 인재 직접 모셔온다" 실리콘밸리로	2	교육로봇
2	[기고] 9월 직업능력의 달 산업대전환과 평생능력개발	2	교육로봇
3	<15>AI와 개인정보보호법[정세진 변호사의	3	데이터서비스
4	치열한 논의 끝 길어 올린 한국교회 '한 목소리'는?	3	데이터서비스
5	AI MSP로 진화한 베스핀글로벌, 20배 이상 비용절감 효과	3	데이터서비스

[그림 12-8] 토픽 비중이 높은 쪽으로 문서를 분류한 결과

방대한 문서들을 주제별로 구분하고 정리하는 데 유용하게 사용될 수 있습니다.

지금까지 챗GPT를 사용한 토픽모델링의 과정을 살펴보았습니다.

이러한 토픽모델링은 문서 분류를 넘어 다양한 분야에서 활용될 수 있습니다. 텍스트 분석을 통해 시간의 흐름에 따른 트렌드 변화를 파악하고, 고객 피드백을 분석하여 서비스 개선에 활용할 수도 있습니다. 또한 사용자가 선호하는 주제를 파악하여 맞춤형 문서 추천 시스템 구축에도 기여할 수 있죠. 이처럼 토픽모델링은 인공지능 기반의 핵심적인 문서 처리 기법으로써 그 활용 범위가 점차 확장되고 있습니다.

챗GPT 명령어 정리　　🔍　뉴스 기사 토픽모델링

1. (분석할 파일을 첨부한 후) "키워드로 토픽모델링 분석. 토픽 수 = 원하는 토픽 숫자"
2. "(불용어 목록)을 제거하고 다시 토픽모델링 수행"
3. "문서별 토픽 비중"
4. "토픽 비중이 높은 것으로 문서분류"

빅카인즈에서 뉴스 데이터 다운받는 방법

1) 데이터 수집하기

여러분이 관심 있는 뉴스 기사를 직접 수집해서 분석하고 싶다면 다음에 따라서 뉴스 데이터를 스스로 수집해야 합니다.

(1) 1단계   메뉴의 '뉴스분석'–'뉴스검색분석' 클릭

먼저, '빅카인즈' 사이트에 무료 가입합니다. 이후 [그림 12-9]에 빨갛게 표시된 메뉴의 '뉴스분석–뉴스검색분석'을 클릭하면 [그림 12-10]과 같은 기사 수집 페이지로 이동하게 됩니다.

[그림 12-9] 뉴스검색 페이지 이동

(2) 2단계 검색어 입력/ 수집기간 설정/ 언론사 설정

기사를 수집할 페이지는 [그림 12-10]과 같습니다. 여기서 수집할 뉴스 기사에 대한 검색어, 기사를 수집할 언론사 및 수집기간 등을 설정할 수 있습니다. 이 사례에서는 검색어를 '인공지능'으로 설정하였고, 기사를 수집할 언론사에 '전국일간지'와 '경제일간지'로 체크하였습니다. 수집 기간은 기본 설정인 최근 3개월을 그대로 사용했습니다. 이후 우측하단의 '적용하기' 버튼을 클릭하면, [그림 12-11]과 같이 조건에 따라서 검색된 뉴스 결과를 확인할 수 있습니다.

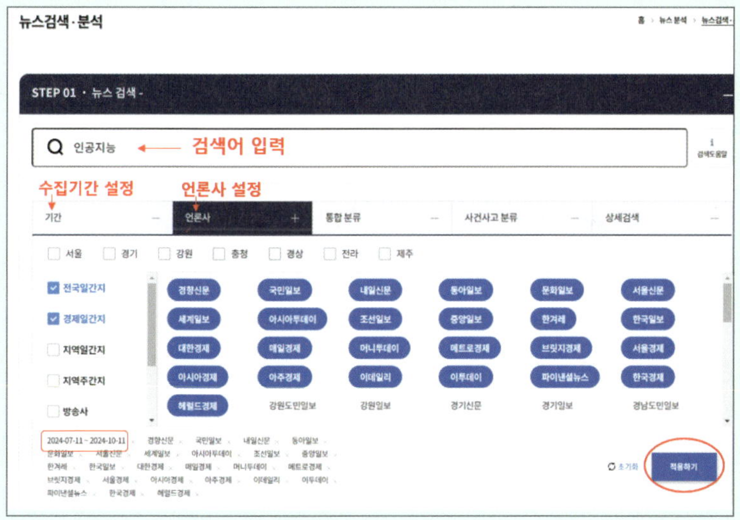

[그림 12-10] 뉴스 수집항목 설정 (검색어, 언론사, 기간 등)

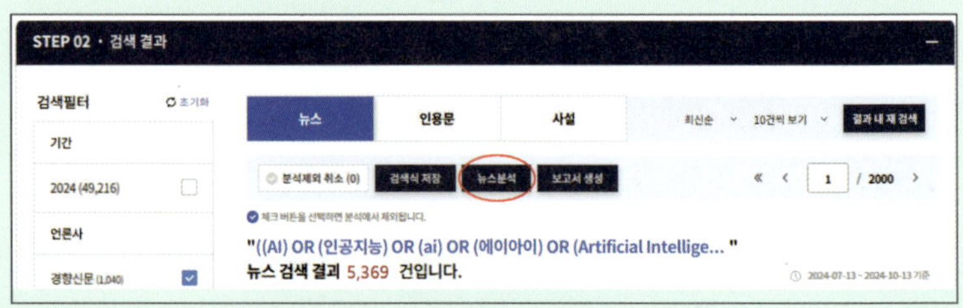

[그림 12-11] 조건에 따른 뉴스 검색 결과

(3) 3단계　검색 결과 다운로드

수집된 뉴스 기사를 파일로 다운받는 방법을 살펴보겠습니다. 우선 [그림 12-11]의 빨간색으로 표시된 '뉴스분석' 메뉴를 클릭하면, [그림 12-12]와 같이 수집된 정보가 정리된 형태로 나타납니다. 이 화면의 우측 하단에 위치한 '엑셀 다운로드' 버튼을 클릭하면 파일 다운로드가 시작됩니다.

파일이 다운로드된 폴더를 확인하면 수집된 기사들이 엑셀 파일로 생성된 것을 확인할 수 있습니다. 파일명은 '뉴스_검색어.xlsx'의 형태입니다. 최대 2만 건까지의 뉴스를 무료로 다운로드할 수 있습니다.

다운로드된 엑셀 파일에는 기사가 게재된 일자, 언론사, 기고자, 제목, 본문, 키워드 URL 등 다양한 정보가 포함되어 있습니다.

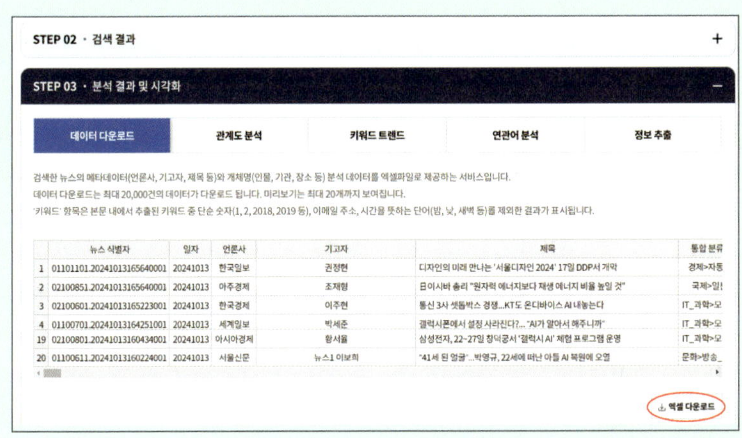

	뉴스 식별자	일자	언론사	기고자	제목	통합 분류
1	01101101.20241013165640001	20241013	한국일보	권정현	디자인의 미래 만나는 '서울디자인 2024' 17일 DDP서 개막	경제>자동
2	02100851.20241013165640001	20241013	아주경제	조재형	日이시바 총리 "원자력 에너지보다 재생 에너지 비율 높일 것"	국제>일!
3	02100601.20241013165223001	20241013	한국경제	이주현	통신 3사 샛톱박스 경쟁...KT도 온디바이스 AI 내놓는다	IT_과학>모
4	01100701.20241013164251001	20241013	세계일보	박세준	갤럭시폰에서 설정 사라진다?... "AI가 알아서 해주니까"	IT_과학>모
19	02100801.20241013160434001	20241013	아시아경제	황서율	삼성전자, 22~27일 창덕궁서 '갤럭시 AI' 체험 프로그램 운영	IT_과학>모
20	01100611.20241013160224001	20241013	서울신문	뉴스1 이보희	"41세 된 얼굴"...박영규, 22세에 떠난 아들 AI 복원에 오열	문화>방송_

[그림 12-12] 데이터 다운로드

데이터 수집이 완료되었습니다. 수집된 데이터를 엑셀 파일로 열어서 다운로드 결과를 확인합니다.

최신 딥러닝 서비스의 원리

13 스타일 전이:
프로필 사진의 변신 원리

최근 들어 SNS의 프로필 사진들이 급격히 예뻐지고 근사해진 것을 느끼나요? 많은 사람이 인공지능의 도움을 받아서 자신의 사진을 워너비(wanna-be) 스타일로 변신시키고 있기 때문입니다. 이렇게 사진을 원하는 스타일로 바꿔 주거나 그림을 유명 화가 스타일의 화풍으로 바꿔 주는 데 사용되는 인공지능 기술을 스타일 전이(style transfer)라고 합니다. 이제부터 스타일 전이의 원리에 대해서 알아보도록 하겠습니다.

스타일 전이에는 이미지의 특징을 잘 포착하는 CNN(Convolutional Neural Network)이라는 딥러닝 기법이 사용됩니다. CNN은 이미지 속의 윤곽선, 색채, 질감 등 다양한 특징을 포착하여 사물을 인식하고 구별하는 데 탁월한 능력을 발휘합니다. 예를 들어, 강아지와 고양이를 구분할 때는 털의 부드러움, 눈매의 날카로움, 코와 귀의 위치와 모양 등을 꼼꼼히 분석하여 둘의 차이점을 찾습니다. 스타일 전이는 이러한 CNN 기법을 사용하여 원본 이미지와 원하는 스타일 이미지에서 각각 특징을 추출한 뒤, 이를 혼합하여 새로운 이미지를 만들어 냅니다.

예를 들어, [그림 13-1] 윗부분에 있는 원본 사진 얼굴에 아래쪽 스타일 이미지를 입혀서 새로운 이미지를 만들어 내는 과정을 살펴보겠습니다.

우선 원본 사진 속 얼굴의 특징을 정확하게 파악하기 위해 다양한 각도에서 촬영된 여러 장의 사진을 활용합니다. 마치 여러 각도에서 찍은 사진을 조합하여 3D 모델링을 하듯, 얼굴의 특징을 입체적으로 분석하는 것이죠. 반면, 원하는 스타일을 담은 이미지는 보통 한 장만 사용합니다.

스타일 전이는 원본의 특징을 유지하면서 희망 스타일을 반영하여 새로운 이미지를 생성하는 것을 목표로 합니다. 원본 이미지로부터 유지해야 할 요소를 '콘텐츠'라고 하며 스타일 이미지에서 반영해야 할 요소를 '스타일'이라고 합니다. 이 AI 프로필 사례의 경우

[그림 13-1] 스타일 전이를 통해 생성된 AI 프로필 사진(Carat 사용)

얼굴형, 눈, 코, 입 등의 얼굴 특징이 콘텐츠이고, 피부의 질감, 헤어 스타일, 의상, 배경 등이 스타일입니다. 이 둘의 조합으로 오른쪽과 같은 새로운 이미지가 탄생하는 것이죠.

　이번에는 스타일 전이 기법을 사용해서 주변의 풍경 사진이 유명 화가의 작품처럼 변신하는 과정을 살펴보겠습니다. [그림 13-2]의 왼쪽 사진은 서울 한강의 모습입니다. 이 사진에 오른쪽의 반 고흐의 〈별이 빛나는 밤에〉 스타일을 입혀 마치 반 고흐가 한강의 모습을 그린 것처럼 변화시켜 보고자 합니다. 원본 사진 속 다리, 한강, 구름 등의 형태는 그대로 유지하면서, 반 고흐 특유의 강렬한 색채와 굵은 붓터치, 역동적인 질감 등의 스타일을 덧입혀 새로운 예술 작품으로 재탄생시키려는 것이죠.

서울의 한강 사진
(콘텐츠 이미지)

반 고흐의 별이 빛나는 밤에
(스타일 이미지)

[그림 13-2] 콘텐츠 이미지 vs 스타일 이미지

스타일 전이는 원본 이미지의 특징과 원하는 스타일을 조화롭게 담아내기 위해 '손실(loss)'이라는 개념을 활용합니다. 손실에는 '콘텐츠 손실'과 '스타일 손실' 두 가지 종류가 있습니다. 첫째, '콘텐츠 손실'이란 새로 생성된 이미지와 원본 이미지 사이의 차이를 나타냅니다. 둘째, '스타일 손실'은 새로 생성된 이미지와 스타일 이미지 사이의 차이를 나타냅니다. 콘텐츠 손실만 줄이면 원본 이미지와 생성된 이미지가 너무 비슷해져 스타일이 제대로 반영되지 않고, 반면 스타일 손실만 줄이면 원본 이미지의 특징은 사라지고 스타일만 강하게 반영되어 전혀 다른 느낌의 이미지가 만들어질 수 있습니다. 이 두 가지 손실의 균형을 맞춰 최적의 결과를 얻는 것이 스타일 전이의 핵심입니다.

이 두 가지 손실에는 각각의 중요도에 따라서 가중치를 부여할 수도 있습니다. 만약 콘텐츠의 특성을 유지하는 것이 중요한 상황이라면 콘텐츠 손실의 가중치를 높이고, 반면 스타일이 강하게 표현되어야 한다면 스타일 손실의 가중치를 높이면 됩니다. 결과적으로, 두 손실값에 각각의 가중치를 반영한 후 합산하여 '총 손실(total loss)'이 계산됩니다.

스타일 전이는 이미지를 한 번에 변환하는 것이 아니라, 콘텐츠에 조금씩 스타일을 반영하면서 여러 번에 걸쳐 반복적으로 이미지를 수정합니다. 이렇게 해야 콘텐츠와 스타일이 조화롭게 반영된 최종 결과물을 만들 수 있기 때문입니다. 마치 요리할 때 간을 봐 가면서 조금씩 소금을 추가해야 싱겁거나 짜지 않고 딱 알맞은 지

점을 찾을 수 있듯이, 원하는 결과가 나올 때까지 조금씩 이미지를
바꿔 가는 것이죠.

　이제 '한강' 사진을 시작으로 단계별 스타일 전이를 시작하겠습
니다.

단계 1. 업데이트 10번

콘텐츠 손실: 1.03 / 스타일 손실: 396.85

단계 2: 업데이트 100번

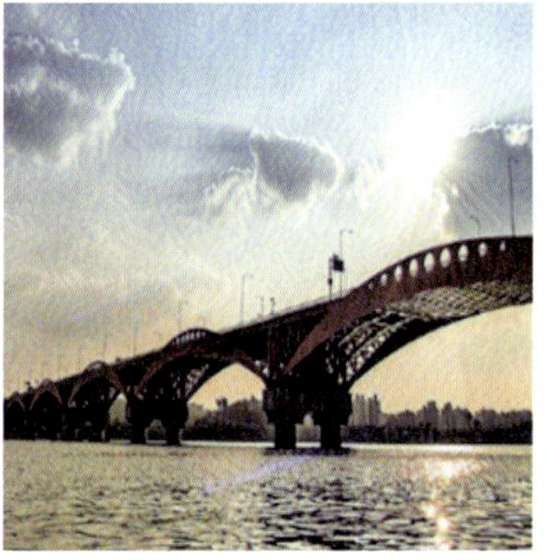

콘텐츠 손실: 5.22 / 스타일 손실: 148.57

단계 3: 업데이트 600번

콘텐츠 손실: 8.9 / 스타일 손실: 10.1

단계 4: 업데이트 2000번

콘텐츠 손실: 10.2 / 스타일 손실: 2.1

[그림 13-3] 스타일 전이의 단계별 변화 모습

먼저, 한강의 원본 콘텐츠 이미지에 고흐 스타일 화풍을 살짝 가미해서 [그림 13-3]의 단계 1과 같은 초기 이미지를 만들어 보았습니다. 하지만 고흐 스타일이 너무 조금만 반영되어 원본 사진과 별반 차이가 없어 보입니다. 이때 콘텐츠 손실값은 1.03, 스타일 손실값은 396.85로 스타일 손실이 콘텐츠 손실 대비 매우 큰 것을 알 수 있습니다. 즉, 콘텐츠 이미지만 너무 많이 반영된 셈입니다.

다음으로, 스타일 특성을 좀 더 강하게 반영해 보겠습니다. 좀 더 고흐 스타일의 색감과 붓터치 형태 등을 많이 반영해서 [그림 13-3]의 단계 2와 같은 이미지를 생성했더니, 콘텐츠 손실값은 5.22로 다소 증가했지만 스타일 손실값이 148.57로 대폭 낮아졌습니다. 이는 이전 결과보다 원본 이미지와의 유사도는 약간 낮아졌지만, 고흐 스타일 화풍이 더 많이 반영되었음을 의미입니다.

이러한 과정을 반복적으로 수행하면서 총 손실이 가장 낮아지는 시점에서 이미지 업데이트를 멈추거나, 원하는 스타일이 충분히 반영될 때까지 반복하여 최종 이미지를 완성합니다. [그림 13-3]의 단계 3은 총 600번 이미지를 수정하여 얻은 결과로, 콘텐츠 손실값은 8.9, 스타일 손실값은 10.1로 두 손실값 모두 유사하게 낮은 수준입니다. 한강의 모습이 남아 있으면서도 반 고흐가 이를 그려 낸 듯한 예술적 화풍이 잘 반영되었죠. 이 지점을 넘어서 계속 스타일을 반영하면, 콘텐츠 손실이 점차 커져서 원본의 느낌을 잃어버릴 수도 있습니다.

이러한 스타일 전이 기법은 AI 프로필 생성을 넘어서 예술창작,

패션디자인, 인테리어 등 다양한 분야에서 활용되고 있습니다. 평범한 제품 디자인에 예술 작품의 스타일을 적용하여 특별한 제품으로 바꾸거나, 패션디자이너가 쉽게 다양한 디자인을 시도해 볼 수도 있습니다. 집 안의 인테리어를 하기 전에 고풍스러운 스타일, 모던한 스타일, 북유럽 스타일 등 인테리어 이후의 모습을 미리 경험하고 취향에 맞는 디자인을 선택할 수도 있죠. 이렇듯이 스타일 전이는 창작의 다양성을 확대시키고, 소비자의 취향에 맞는 제품 디자인 개발에 활용되는 등 산업 분야 곳곳으로 퍼져 가고 있습니다.

14 GAN: 진짜 같은 가상 인간을 만드는 원리

가상 인간 로지(Rozy)를 알고 계신가요? MZ세대가 선호하는 얼굴로 만들어진 인플루언서로 싸이더스 스튜디오 엑스가 2020년 제작한 가상 인간입니다. 가수, MC를 비롯하여 2021년 5편, 2022년에는 6편의 광고를 찍으며 활약했죠.

과거에는 자연스러운 얼굴의 가상 인간의 얼굴을 만드는 데 많은 시간과 노력이 필요했지만, 생성형 AI 기술이 사용되면서 진짜 사람 같은 모습의 가상 인간을 만드는 것이 그리 어렵지 않게 되었습니다. 특히 딥러닝 기법 중 새로운 이미지를 창작하는 데 효과적인 GAN*이라는 기법을 사용하면서 AI가 한층 자연스러운 가상 인간의 모습을 만들어 낼 수 있게 되었습니다.

잠시 [그림 14-1]의 사진들을 잘 살펴보겠습니다. 이들 중 AI가 만들어 낸 가상 인간이 누구인지 구분할 수 있으신가요?

---

* GAN(Generative Adversarial Networks): 생성적 적대 신경망으로 영어 명칭인 GAN(갠)이라 불림.

[그림 14-1] 가상 인간과 진짜 인간의 구별

　정답은 6번을 제외한 모두입니다. 나머지 사진들은 모두 GAN 모델을 사용해서 만든 가상 인간의 모습이죠.

　그렇다면 GAN은 어떻게 가상 인간의 모습을 이토록 자연스럽게 만들어 내는 것일까요?

　이 기법을 처음으로 제안했던 이언 굿펠로(Ian Goodfellow)는 2014년 출판된 자신의 논문*에서 그 원리를 위조지폐범과 경찰의 관계에 비유하여 설명했습니다. 위조지폐범은 최대한 진짜 같은 화폐를 만들어 경찰을 속이기 위해 노력하고, 경찰은 진짜 화폐와 위조지폐를 보다 완벽하게 분류하는 것을 목표로 하죠. GAN 기법은 이들의 관계처럼 위조지폐범의 역할을 하는 '생성자'와 경찰의 역할을 하는 '판별자'가 서로 경쟁하며 점차 더욱 진짜 같은 가짜 이미지

* Goodfellow et al. (2014).

를 만들어 내는 기법입니다. 생성자와 판별자가 경쟁적으로 학습하며 베테랑으로 숙련될수록 생성자는 더욱 진짜 같은 가짜 이미지를 만들어 낼 수 있게 되고, 판별자는 이들을 더욱 잘 구별할 수 있게 됩니다.

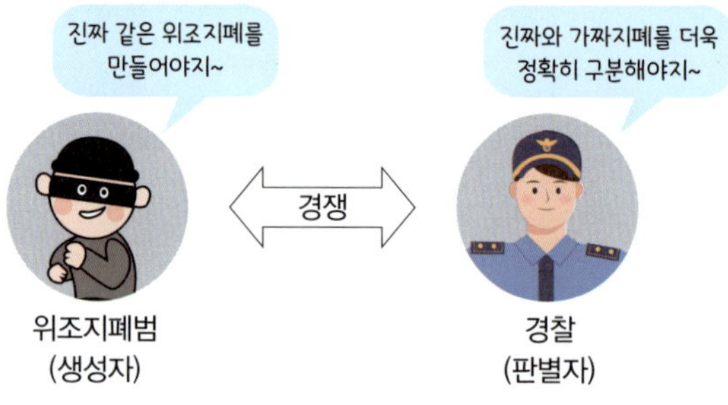

[그림 14-2] GAN의 생성자와 판별자의 관계

그럼 GAN의 과정을 가상 인간의 얼굴이 만들어지는 사례를 통해서 단계별로 살펴보겠습니다.

(1) 1단계: 실제 인간의 얼굴들을 학습해서 공통적인 특징 추출

생성자는 실제 사람들의 여러 얼굴 이미지를 학습하여 이들의 공통적인 특징을 찾아냅니다. 얼굴의 형태나 눈, 코, 입 또는 귀의 크기나 모양, 위치, 피부색 또는 머리 색깔 등이 될 수 있습니다. 이러한 얼굴 특징은 인종이나 사람에 따라서 세부적인 차이가 있지만 공통적이 부분이 있습니다. 예를 들어, 눈썹 아래 눈이 있고, 코가 얼굴 중간에 위치하며, 코 아래 입이 있는 것과 같이 말입니다.

(2) 2단계: 공통적인 얼굴 특징에 변화 추가

생성자는 1단계에서 추출한 공통적인 얼굴 특징에 변화를 줍니다. 왜 변화가 필요할까요?

공통적인 특징으로만 가상 인간의 얼굴을 만들게 되면 모두 동일한 얼굴이 생성되기 때문입니다. 사람의 얼굴 모습이 모두 제각각 다르듯이 가상 인간의 얼굴 모습도 모두 서로 달라야 하기 때문에 매번 변화를 주는 것이죠.

그렇다면 어떻게 변화를 줄 수 있을까요?

GAN은 이러한 변화를 '운'에 맞깁니다. 여기서 '운'이란 임의의 숫자를 만들어 낸다는 의미인데, 마치 주사위를 던지면 어떠한 숫자가 나올지 모르는 것처럼 매번 정해지지 않은 난수들을 만들어서 특징들을 변화시키는 것입니다. 어떨 땐 머리가 까맣고 눈썹이 진한 동양인 얼굴이 되기도 하고, 또 다른 경우에는 머리가 금발이고 눈이 파란 서양인 얼굴이 만들어지기도 하는 것이죠.

하지만 초기에 생성된 얼굴들은 그다지 자연스럽지 못합니다. [그림 14-3]에서는 GAN의 생성자가 충분한 학습 과정을 거치지 않고 만들어 낸 가상 인간의 모습을 나타내고 있습니다. 사람의 얼굴이 생성되긴 했지만 일그러지고 부자연스러운 모습을 볼 수 있습니다.

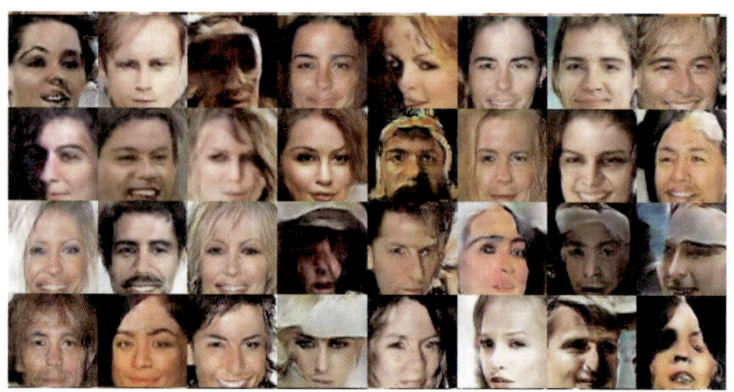

[그림 14-3] GAN이 충분한 학습을 거치지 않고 생성한 초기 가상 인간 얼굴들
출처: Raford et al. (2015).

(3) 3단계: 실제와 가상 인간 얼굴 이미지 판별

생성자가 이미지 생성을 마치면, 판별자는 생성자가 만들어 낸 가상 인간의 얼굴과 실제 사람의 얼굴들을 함께 입력으로 받은 후, 무엇이 실제 사람 얼굴이고 무엇이 가상 인간의 얼굴인지를 판별합니다. 이때 GAN이 학습에 사용하는 이미지에는 실제 사람인지 가상 인간인지의 정답, 즉 레이블이 포함되어 있지만 판별자는 이러한 레이블을 보지 않고 진짜와 가짜를 구별하기 시작합니다. 우리가 문제집을 풀 때, 정답이 있어도 이를 보지 않고 문제를 푼 후 나중에 정답을 확인하는 것과 유사하죠.

그렇다면 판별자는 어떻게 레이블을 보지 않고도 진짜와 가짜를 판별할 수 있을까요?

처음에는 공부를 전혀 안 한 학생이 대충 찍어서 문제를 푸는 것처럼 판별자도 학습되지 않은 모델로 이미지를 분류하기 때문에 찍어서 결과를 맞히기 시작합니다. 예를 들어, 가상을 '0', 실제를 '1'이라는 숫자로 나타내면, 판별자는 0~1 사이의 소숫값을 임의로 만듭니다. 로또처럼 말이죠. 만약, 만들어진 숫자가 0.7이면 0보다는 1에 더 가까우니 '실제'라고 분류하고, 반면 0.1이 나오면 0에 더 가까우니 '가짜'라고 분류하는 것입니다. 이렇게 처음에는 찍어서 실제 사람과 가상 인간의 이미지를 구분하기 때문에 틀릴 때가 많지만, 우연히 정답을 맞출 때도 있습니다.

이렇게 처음에는 생성자와 판별자 모두 자신의 역할을 잘 수행하지 못하지만, 생성과 판별을 마친 후 정답을 확인하고 학습해서 다음번에는 더 잘 임무를 수행할 수 있도록 생성자 모델과 판별자 모델을 업데이트하는 과정을 반복합니다. 이에 대해서는 다음 단계에서 좀 더 살펴보겠습니다.

(4) 4단계: GAN 모델 업데이트

우리가 문제집을 푸는 진정한 목적은 무엇인가요?

어떤 문제를 틀렸는지 파악해서 다음번에 맞힐 수 있도록 학습하기 위해서입니다. 판별자가 분류를 마치면, GAN은 판별자가 분류한 결과와 정답 레이블을 비교해서 분류 결과가 얼마나 틀렸는지 '손실'이라는 값을 통해서 확인합니다. 마치 문제집을 모두 푼 후 결과를 정답과 비교하면서 몇 개를 틀렸는지 확인하는 과정과 유사하죠. 판별자의 손실이 클수록 판별자가 실제와 가상을 잘 구별하지 못했음을 의미합니다.

GAN 모델에는 생성자 역할을 수행하는 '생성층'과 판별자 역할을 수행하는 '적대층'의 두 부분이 있습니다. 손실값이 계산되면, 판별자는 이 손실값이 줄어들도록 '적대층'을 업데이트합니다. 반면, 생성자는 손실값이 높아지도록 '생성층'을 업데이트하며 맞서 경쟁합니다. 생성자 입장에서는 판별자가 분류에 실패할 수록 임무를 더 잘 수행한 것이니까요.

GAN은 이러한 업데이트 과정을 반복하며 모델을 지속적으로 업데이트하다가, 더 이상 성능에 거의 변화가 없으면 학습을 종료하고 최종적인 가상 인간 모습을 완성합니다.

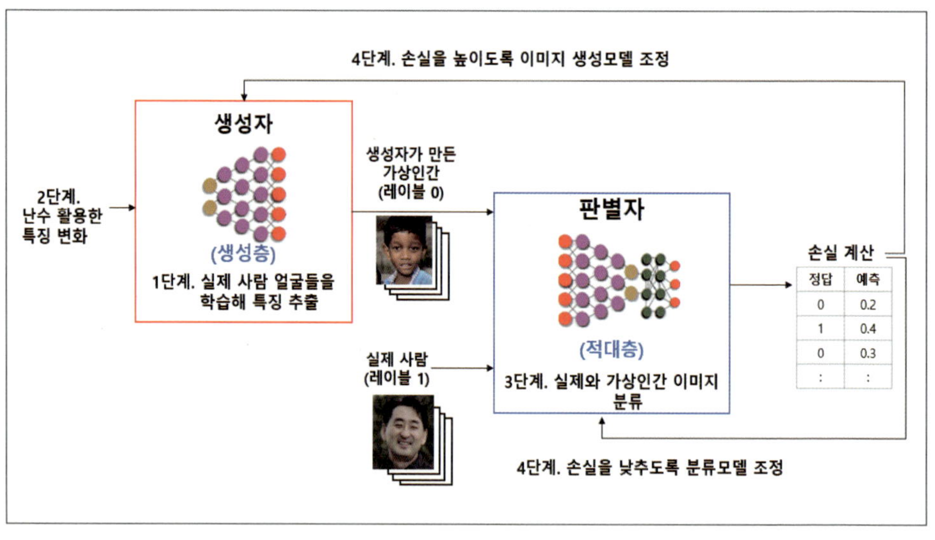

[그림 14-4] GAN을 활용한 가상 인간 생성 과정

지금까지 GAN 모델을 사용하여 가상 인간의 모습이 만들어지는 과정을 살펴봤습니다. GAN 모델은 최근 목적이나 용도에 따라서 더욱 다양한 형태로 발전하고 있습니다. 예를 들어, 엔비디아가 개발한 스타일GAN(StyleGAN) 모델은 가상 인간의 특징을 설정할 수 있어서 70대 백발의 백인 여성의 얼굴 또는 20대 눈이 큰 동양인 남성의 얼굴 등을 구체적으로 조정할 수 있죠.

또한 GAN의 발전된 형태인 Pix2Pix 모델의 경우 하나의 이미지를 다른 유형으로 변환하도록 설계되어, 주간 이미지를 야간 장면으로 변화시키거나 [그림 14-5]와 같이 사람이 그린 스케치를 사실적인 사진으로 변환하는 데 활용될 수 있습니다.

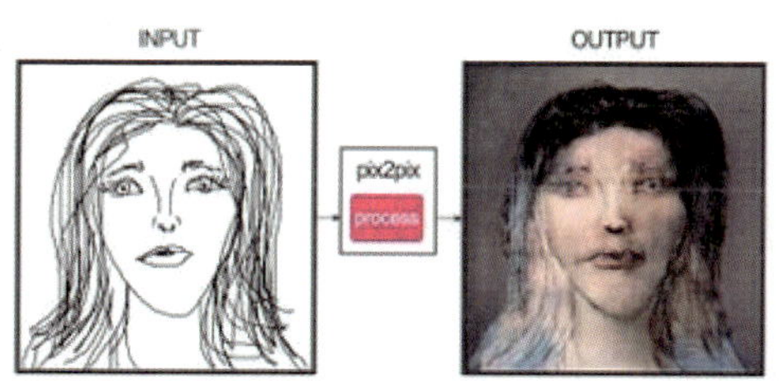

[그림 14-5] Pix2Pix를 사용한 스케치 이미지의 그림 변환 사례

출처: Isola et al. (2017).

GAN은 다양한 산업 분야에 적용되어 기존의 업무 방식을 변화시키기도 합니다. 예를 들어, GAN을 사용하면 기존에 출시된 다양한 패션 스타일로부터 새로운 의류 디자인들을 생성할 수 있기 때문에, 어쩌면 향후 의상디자이너의 역할은 AI가 창작한 수많은 디자인 중 좋은 것을 선별하고 수정하는 역할로 변화될 수도 있을 것입니다.

그 외에도 진짜 사람의 얼굴과 가짜 행동을 합성하여 마치 그 사람이 한 행동인 것처럼 보이도록 만드는 딥페이크(DeepFake) 기술에도 GAN 모델이 활용되고 있습니다. 비록 현재는 여러 문제를 야기하고 있지만, 이러한 기술이 본인의 동의하에 합법적으로 활용된다면 인간의 신체적 한계를 넘어서는 액션 영상을 만들어 내거나 자신의 아바타가 가상공간에서 부캐(부캐릭터)로 활약하는 데 활용될 날이 머지않아 도래할 수도 있을 것입니다.

15 트랜스포머:
기계 번역이 발번역을 극복한 원리

과거 집단지성을 활용한 번역 어플인 '플리토'는 도심 곳곳에 재치 있는 광고들을 게재했습니다. 기계 번역기가 "오빠가 밥 사 줄게."를 "I will buy my brother Bob."으로 번역하거나, 웃긴다는 의미의 "빵 터짐"을 "Bread fires"로 어이없게 직역한 사례들을 제시하면서 번역은 사람이 해야 한다고 호소하였죠.

사실 인간이 사용하는 자연어는 문화적인 요소나 문맥, 관용적인 표현, 동음이의어 등의 다양한 요소를 포괄하고 있기 때문에 한 언어를 다른 언어로 번역하는 작업은 대단히 어렵습니다. 예를 들어, '배'라는 단어는 과일 '배'일 수도 있지만 보트나 선박 또는 사람의 몸에 있는 '배'를 의미할 수도 있고, "호랑이도 제 말 하면 온다."와 같은 속담을 영어로 직역하면 그 의미를 제대로 전달하지 못하는 것처럼 말이죠.

과거의 기계번역은 단어를 번

[그림 15-1] 과거 기계번역의 발번역 사례

역하는 데에만 중점을 두고, 문장의 문맥적 의미는 이해하지 못했기 때문에 번역은 오랫동안 사람만이 잘 해낼 수 있는 인간 고유의 영역으로 인식되었습니다. 하지만 2017년 구글이 '트랜스포머'라는 딥러닝 기법을 발표*하면서 AI 번역의 성능이 인간과 실력을 겨룰 수 있을 만큼 급격하게 성장하게 되었습니다.

그렇다면 트랜스포머란 과연 어떤 방법이기에 기계가 문장의 의미를 이해할 수 있게 되었을까요?

트랜스포머는 자연어 처리에 특화된 딥러닝 모델로 '어텐션'이라는 원리를 기반으로 동작합니다. 여기서 어텐션은 우리말로 '주목' '집중' 정도로 번역될 수 있죠. 그런데 무엇에 주목해야 한다는 것일까요? 바로 주변 단어들입니다. 즉, 특정 단어의 의미를 제대로 이해하기 위해서는 이 단어만 살펴봐서는 안 되고, 해당 단어에 영향을 미치는 주변단어들에 주목해야 한다는 의미입니다.

이에 대한 사례로, 동음이의어인 '배'를 포함하고 있는 다음의 두 문장을 살펴보겠습니다.

문장1　나는 배가 아파서 택시를 타고 병원에 갔다.
문장2　나는 오두막에서 달콤한 배를 먹었다.

문장 1의 "나는 배가 아파서 택시를 타고 병원에 갔다."에서 '배'는 먹는 '배'일까요, 아니면 몸의 '배'일까요? 당연히 몸의 '배'를 의

---

* 「Attention is all you need」라는 논문에서 트랜스포머 기법이 발표됨.

미합니다. 그런데 이 단어의 의미가 사람의 몸에 있는 '배'라는 것은 어떻게 알 수 있나요? 바로 주변의 다른 단어들을 살펴보면 알 수 있습니다. 이 문장에는 '배가' 외에 '나는' '아파서' '택시를' '타고' '병원에' '갔다' 등의 단어들이 있습니다. 하지만 '배'의 의미를 이해하는 데 중요한 영향을 미치는 단어는 '아파서'와 '병원에'가 될 수 있습니다. 왜냐하면 다른 단어들이 '배'의 의미가 사람의 몸에 있는 그 '배'라는 것을 파악하는 데 결정적인 영향을 주었기 때문입니다. 트랜스포머는 이렇게 특정 단어에 많은 영향을 미치는 주변 단어에 높은 어텐션 점수(attention score)를 주고, 이 단어들에 주의를 기울이면서 문맥적 의미를 파악합니다.

반면, 문장 2인 "나는 오두막에서 달콤한 배를 먹었다."의 '배'를 이해하는 데 핵심적인 주변 단어는 무엇일까요? 바로 '달콤한'과 '먹었다'가 될 수 있습니다. 이 단어들이 문장에서 사용된 '배'가 과일 '배'를 의미한다는 것을 파악하는 데 핵심적인 역할을 하기 때문입

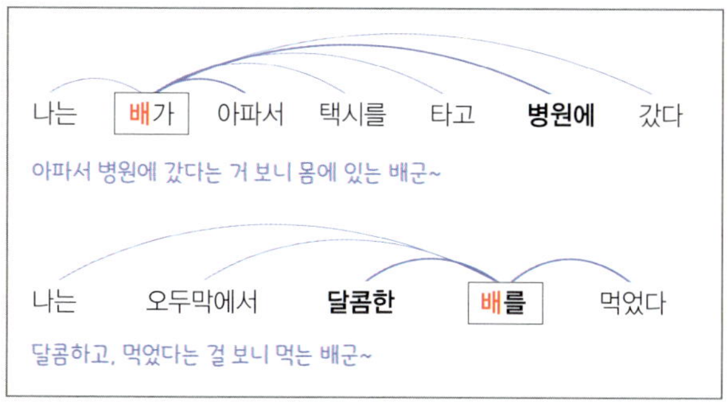

[그림 15-2] '배'가 들어간 서로 다른 두 문장의 어텐션

니다. 따라서 두 번째 문장에서는 '배'의 의미를 파악할 때 '달콤한' 과 '먹었다'에 높은 어텐션 점수가 부여되는 것입니다.

그런데 트랜스포머 모델이 이렇게 단어들 간의 관계를 잘 파악하기 위해서는 사전에 방대한 양의 '말뭉치(corpus)'를 학습해야 합니다. 말뭉치란 컴퓨터가 분석하고 처리할 수 있도록 입력된 언어 학습 자료를 의미하는데, 서적, 신문, 잡지, 메신저 대화, 웹페이지, 블로그, 영화 대본, 방송 스크립트, 게시판 글 등 다양한 텍스트 기반 자료가 모두 말뭉치가 될 수 있습니다. 트랜스포머 모델은 이러한 말뭉치를 학습하여 어떤 단어들이 함께 자주 등장하는지, 학습한 언어의 문장구조나 문법적인 특징은 무엇인지 등을 파악할 수 있습니다.

또한 여러 언어로 구성된 '병렬 말뭉치'까지 학습하면 언어에 따라서 동일한 내용이 어떻게 표현되는지를 파악할 수 있어 AI 번역의 품질을 크게 높일 수 있습니다. 병렬 말뭉치란 동일한 내용을 두 가지 이상의 언어로 번역한 텍스트 모음으로, 예를 들면 전 세계 67개국 언어로 출간된 『해리포터와 마법사의 돌』의 서적을 생각할 수 있습니다. 동일한 의미가 여러 언어로 표현되어 있기 때문에 각 언어의 의미에 맞는 번역을 수행하는 데 대단히 유용한 자료입니다. 앞서서 소개했던 "호랑이도 제 말 하면 온다."의 경우도, 속담에 대한 병렬 말뭉치를 학습하면 의미적으로 유사한 미국식 표현인 'Speak of the devil'로 번역될 수 있을 것입니다.

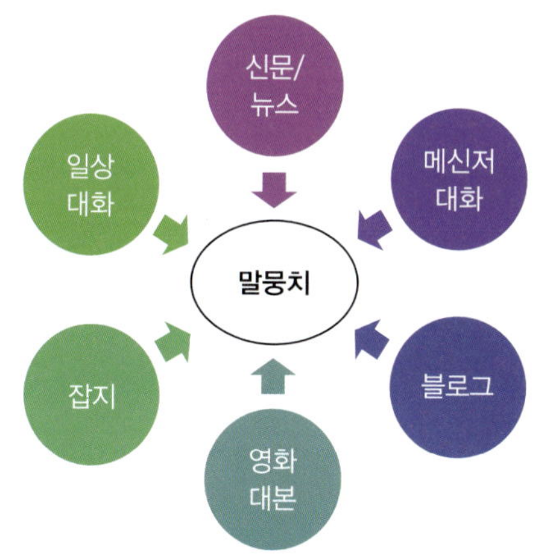

[그림 15-3] 자연어 처리를 위한 말뭉치 데이터

이러한 트랜스포머 모델은 문맥을 잘 이해할 뿐만 아니라, 이를 기반으로 새로운 문장을 매끄럽게 만들어 낼 수도 있습니다. 트랜스포머 모델에는 문장을 읽고 내용을 파악하는 '인코더'와 새로운 문장을 만들어 내는 '디코더' 두 부분으로 구성되어 있기 때문입니다.

AI 번역에서 '인코더'와 '디코더'를 사용하여 한국어 문장을 영어로 번역하는 과정은 다음과 같습니다([그림 15-4] 참조). 먼저, '인코더'는 입력된 한국어 문장을 분석하여 각 단어의 의미, 단어 간의 관계, 문장 내 단어의 위치 등의 정보를 파악합니다. 예를 들어, "나는 달콤한 배를 먹었다."라는 한국어 문장을 입력받으면, 인코더는 각 단어의 의미를 파악하고 '달콤한'이 '배'를 수식하며, '먹었다'는 '나'의 행동이라는 것 등을 파악합니다. 이러한 인코더의 분석 정보는 디코더로 전달됩니다.

디코더는 인코더로부터 넘겨받은 정보를 바탕으로 영어 문장을 한 단어씩 만들어 갑니다. 이때 인코더가 제공한 정보와 더불어 디코더가 전 단계까지 생성한 결과가 다음 단어가 만들어질 때 함께 사용됩니다. 마치 우리가 자신이 이해한 내용을 바탕으로 말을 할 때, 앞서 말한 문구의 흐름에 맞춰 다음 단어를 이어 가는 것과 유사하죠. 만약 디코더가 "나는 달콤한 배를 먹었다."라는 문장을 영어로 번역한다면, 처음에는 인코더 정보만을 사용하여 'I'를 만들지만, 두 번째는 전 단계에서 만든 'I'를 함께 사용하여 다음 결과인 'ate'를 생성하고, 세 번째는 'I ate'를 함께 사용해서 다음 단어를 만드는 것이죠. 이러한 과정은 최종 번역문인 "I ate a sweet pear."가 완성 때까지 반복됩니다. 요컨대, 디코더는 인코더 정보와 더불어 자신이 이전 단계까지 만들어 낸 결과를 함께 사용하여 문맥에 맞는 다음 단어들을 하나씩 선택하며 문장을 완성해 갑니다.

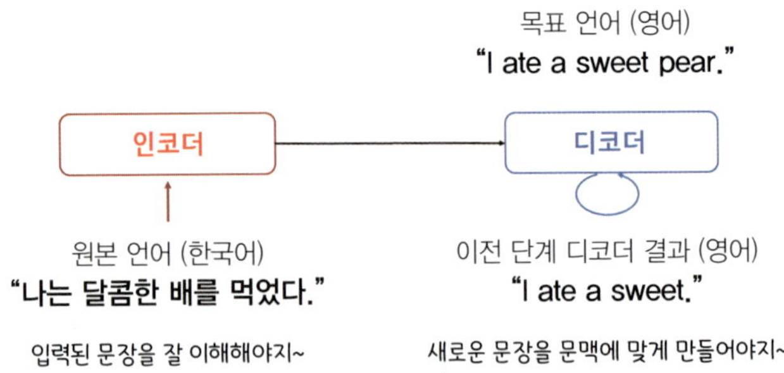

[그림 15-4] 트랜스포머 모델의 인코더-디코더의 단순화된 구조

이러한 트랜스포머 모델은 허깅페이스 등에 무료로 공개되어 누구나 쉽게 사용할 수 있고, 목적에 따라 미세조정 할 수도 있어서 다양한 형태로 발전하며 자연어 처리의 핵심 기술로 자리 잡고 있습니다.

생성형 AI 서비스의 대표 주자인 챗GPT의 'T'는 트랜스포머를 의미하며 GPT 모델이 트랜스포머를 기반으로 만들어진 것을 나타냅니다. 또한 구글이 만든 유명한 텍스트 처리 모델인 BERT도 트랜스포머를 기반으로 만들어졌죠.

더 나아가 트랜스포머의 활용 범위는 텍스트를 넘어 이미지와 동영상 영역까지 확장되고 있습니다. 예를 들어, 텍스트를 입력하면 그림으로 바꿔 주는 텍스트-투-이미지 모델인 Dall-E* 및 텍스트를 입력하면 동영상으로 변환해 주는 텍스트-투-비디오 모델인 Sora에까지 활용되며 멀티모달** 모델로 진화하고 있는 것이죠.

마지막으로, 트랜스포머 기반의 텍스트-투-이미지 모델인 Dall-E에게 김소월의 시 「진달래꽃」을 그림으로 표현해 달라고 요청해 보겠습니다.

---

* Dall-E: 챗GPT서비스에 통합되어 운영되고 있으며 텍스트-투-이미지를 요청하면 호출됨.
** 멀티모달(multi-modal): 텍스트, 음성, 이미지 등 여러 형태의 데이터를 이해하고 처리하는 인공지능 기술.

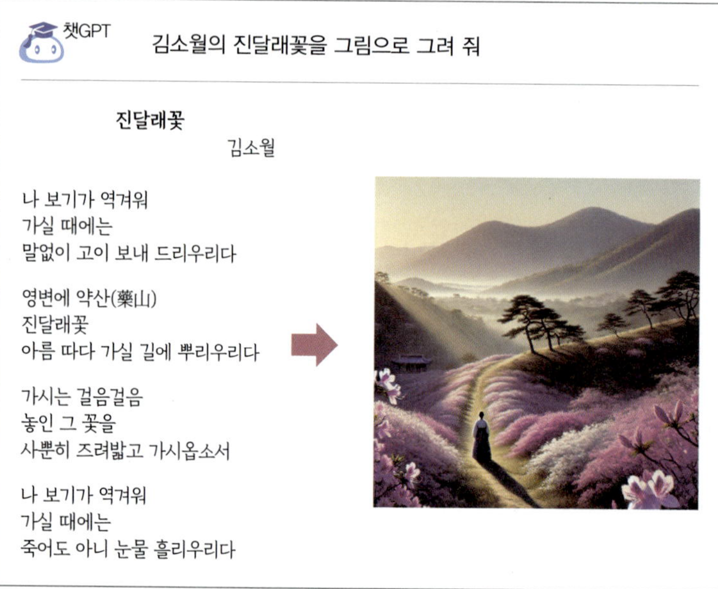

[그림 15–5] 트랜스포머 기반의 Dall-E가 김소월의 「진달래꽃」을 이미지로 변환한 결과

그러면 Dall-E는 시의 의미를 이해하고, 그 속에 포함된 '진달래꽃' '가실 길' '나'와 같은 핵심 단어와 개념 이미지로 그려 냅니다. 텍스트와 함께 학습한 이미지 데이터를 활용하여 핵심 문구에 어울리는 이미지를 찾아낸 후, 이를 바탕으로 새로운 이미지를 만들어 내는 것이죠. 마치 화가가 여러 그림을 참조하여 새로운 자신의 작품을 창작하듯이 말입니다. 그림에서 여러분은 떠나가려는 연인을 원망하지 않고 오히려 진달래꽃을 뿌리겠다는 시 속의 슬픈 감정이 느껴지나요.

16 GPT 모델: 챗GPT가 소설을 쓰는 원리

〈무엇이든 물어보세요〉를 보신 적 있나요? 시청자가 건강, 경제, 과학상식 등을 비롯한 다양한 주제에 대해서 물어보면 전문가들이 이에 답변하는 KBS의 시사교양 프로그램입니다.

챗GPT*는 인공지능 버전의 '무엇이든 물어보세요.' 서비스입니다. 아니, '무엇이든 요청하세요.'라고 하는 편이 더 좋겠습니다. 왜냐하면 챗GPT는 그냥 질문에 대한 답변만을 해 주는 것이 아니라 사람을 대신해서 보고서를 써 주고, 소설을 창작하며, 그림도 그려 주기도 하니 말입니다. 심지어 연애편지까지 대신 써 주기도 하죠 ([그림 16-1] 참조).

챗GPT의 답변이 항상 정확하거나 생성된 결과물이 언제나 만족스러운 것은 아니지만, 이미 많은 사람에게 챗GPT는 정보탐색과 업무처리를 돕는 필수적인 인공지능 서비스로 자리매김하고 있습니다.

....

* 챗GPT: 오픈 AI가 개발한 GPT 모델을 사용하는 생성형 AI 서비스로 Generative Pre-trained Transformer의 약어임.

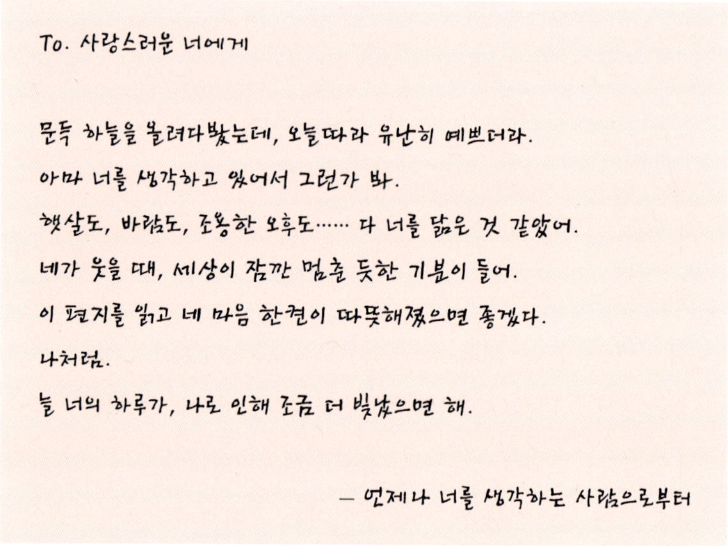

To. 사랑스러운 너에게

문득 하늘을 올려다봤는데, 오늘따라 유난히 예쁘더라.
아마 너를 생각하고 있어서 그런가 봐.
햇살도, 바람도, 조용한 오후도...... 다 너를 닮은 것 같았어.
네가 웃을 때, 세상이 잠깐 멈춘 듯한 기분이 들어.
이 편지를 읽고 네 마음 한켠이 따뜻해졌으면 좋겠다.
나처럼.
늘 너의 하루가, 나로 인해 조금 더 빛났으면 해.

— 언제나 너를 생각하는 사람으로부터

[그림 16-1] 챗GPT가 쓴 연애편지

그런데 챗GPT는 도대체 어떻게 그렇게 여러 가지 주제에 대해서 답변할 수 있을까요? 챗GPT는 세상만사의 다양한 주제에 대한 데이터를 대량으로 학습한 인공지능 모델을 사용합니다. 챗GPT가 사용하는 GPT라는 모델은 GPT-2, GPT-3, GPT-4, GPT-5 등으로 점차 발전하고 있는데, GPT5의 경우 다양한 분야의 웹사이트, 기사, 책 및 서면자료 등에서 가져온 수백 조개에 이르는 단어들을 학습하여 만들어진 것으로 추정됩니다. 이렇게 방대한 데이터를 학습한 박학다식한 모델을 사용하고 있기 때문에 다양한 분야의 질문에 대해서 척척 답변할 수 있는 것이죠.

하지만 챗GPT가 소설을 쓰는 것과 같이 새로운 콘텐츠를 창작해 내는 것은 선뜻 이해하기 쉽지 않을 수 있습니다. 소설은 기존에 학습한 내용을 단순히 찾으면 되는 것이 아닌 창의성이 요구되는 영역이기 때문입니다. 과연 챗GPT는 어떻게 소설을 쓰는 것일까요?

지금부터 챗GPT가 소설을 쓰는 핵심 원리에 대해서 살펴보겠습니다.

챗GPT에게 "아이에게 들려줄 용감한 다람쥐에 대한 이야기를 만들어 줘."라고 요청해 보겠습니다. 챗GPT는 이 요청을 분석해서 자신이 수행해야 할 미션이 무엇인지 먼저 파악합니다. 즉, 자신이 만들어야 할 이야기의 장르가 무엇이고, 캐릭터는 누구이며, 주제는 무엇인지 설정하는 것입니다. 예를 들어, 아이에게 들려줄 이야기라고 했으니 장르는 '동화'입니다. 주인공은 '다람쥐'가 되고, 이야기로부터 얻을 수 있는 교훈은 '용기'가 되겠죠.

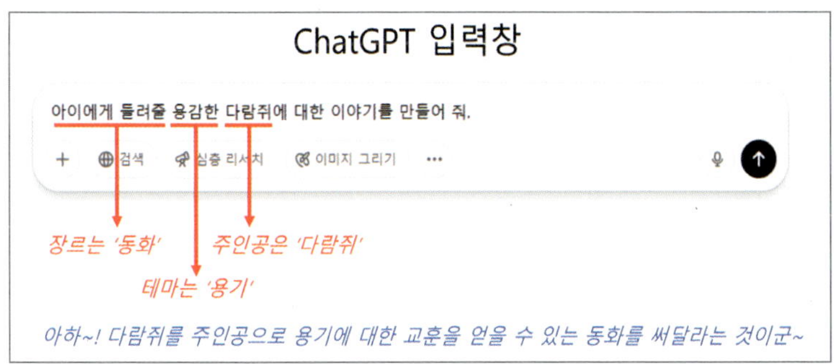

[그림 16-2] 챗GPT의 프롬프트 이해

무엇을 해야 할지 이해했으니, 다음으로 이야기의 구조를 만들고 이에 맞는 문장을 생성해야 합니다. GPT 모델은 과거의 여러 이야기를 학습했기 때문에, 이야기가 전개되는 일반적인 패턴을 알고 있습니다.

어릴 적 읽었던 동화를 떠올려 보십시오. 각 동화 속에 나오는 이야기는 제각각 달라도 전체적인 패턴은 어느정도 일관성이 있습니다. 보통 '옛날에'로 시작되는 이야기의 첫 부분에는 주인공이 누구인지 소개하고 배경이 나오죠. 그러다 중간 부분에는 주인공이 어려움과 위기를 겪습니다. 심지어 아이들 배변 훈련 책에서도 '변비'라는 위기가 찾아옵니다. 마지막은 주인공이 위기를 극복하고 교훈을 얻는 해피엔딩으로 끝납니다. "용감한 다람쥐가 높은 나무에 오르다 떨어져서 죽었다."로 끝나는 동화책은 없습니다. 챗GPT는 이러한 패턴을 기반으로 이야기가 전개되는 구조를 만들고 세부 문장을 만들어 갑니다.

이러한 구조에 맞춰, GPT 모델은 문맥에 맞는 단어를 한 번에 하나씩 선택하여 문장을 완성합니다. 그렇다면 다음에 올 적합한 단어를 어떻게 선택하는 것일까요?

바로 통계적인 확률을 이용한 '확률적 샘플링'이라는 방법이 사용됩니다. 확률적 샘플링이란 문장의 다음 단어로 올 수 있는 단어들에 대한 확률을 계산하고, 이를 기준으로 다음 단어를 무작위로 선택하여 문장을 만들어 가는 방법입니다.

예를 들어, "옛날에 또미라는 다람쥐가 (   )"의 빈칸에 올 수 있는 단어는 다양합니다.

'살았습니다' '죽었습니다' '여행을~' '모험을~' '노래를~' 등 여러 단어가 올 수 있죠.

챗GPT는 과거에 학습한 데이터를 기반으로 빈칸에 올 수 있는 단어들의 확률을 '살았습니다(30%)' '죽었습니다(5%)' '여행을(10%)' '모험을(15%)' '노래를(8%)' 등으로 계산합니다. 이야기 도입부에 어떤 주인공이 '살았습니다'라는 단어가 올 확률이, 시작하자마자 주인공 다람쥐가 '죽었다'라거나 '노래를' 부를 확률보다 높은 것이죠.

하지만 여기서 확률이 가장 높은 단어만을 선택해서는 안 됩니다. 만약 확률이 가장 높은 단어만을 선택한다면 항상 같은 문장이 나오기 때문입니다. 앞의 사례의 경우, 매번 "옛날에 또미라는 다람쥐가 살았습니다."라는 문장으로 이야기가 시작될 것입니다. 이렇게 되면 챗GPT가 만들어 내는 이야기는 매번 똑같아서 따분하고 창의성 없게 느껴질 것입니다.

이를 방지하고자 챗GPT는 마치 주사위를 던지듯 확률이 높은 후보단어들 중에서, 임의로 다음 단어를 선택합니다. 앞의 사례에서 후보 단어들이 '살았습니다(40%)' '모험을(20%)' '여행을(15%)'이라면 이 중 하나를 그냥 무작위로 뽑는 것입니다. 어떨 때에는 '모험을'이 선택되기도 하고, 다른 때에는 '여행을' 또는 '살았습니다'가 선택될 수도 있죠. 그러면 이야기 전개는 보다 다양하게 전개될 수 있습니다.

후보 단어목록을 구성할 때, 여러 단어를 포함하여 넓게 구성할수록 더욱 다양하고 창의적인 문장이 만들어질 수 있습니다. 하지만 때로는 문맥이 매끄럽지 못하거나 엉뚱하고 비논리적인 문장이 만들어질 위험도 있죠. 반면, 후보 단어 목록을 확률이 높은 단어들로 좁게 구성하면, 창의성은 줄어들지만 안정적이고 예측하기 쉬운 문장이 만들어지게 됩니다.

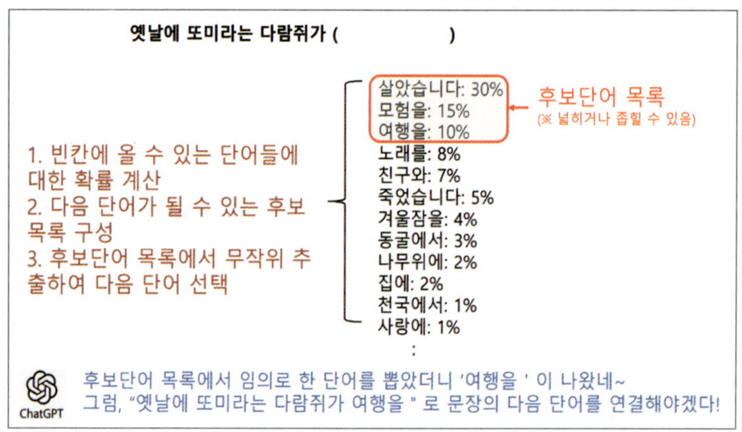

[그림 16-3] 확률적 샘플링을 통한 단어 선택

그렇다면 후보 단어목록은 좁게 구성하는 것이 좋을까요, 아니면 넓게 구성해야 할까요?

그건 상황에 따라서 다릅니다. 정확하고 안정된 결과를 도출해야 하는 상황에서는 좁게 구성해야 하고, 극적인 전개나 반전이 필요하면 넓게 구성하는 것이 유리합니다.

이를 위해 챗GPT는 '온도'라는 매개변수를 사용하여 후보 단어목록의 크기를 조절합니다. 즉, '온도'를 낮추면 후보단어 목록이 좁아져서 안전하고 예측하기 쉬운 단어가 선택되지만, 반면 '온도'를 높이면 후보 단어목록이 넓어져서 다양하고 예측하기 어려운 단어들이 선택될 수 있습니다([그림 16-4] 참조).

예를 들어, 이야기가 클라이맥스로 향할 때에는 '온도' 설정을 높여서 더욱 예상하기 어렵고 극적인 단어가 선택되는 것을 허용하지만, 이야기가 마무리될 때에는 다시 '온도'를 낮춰서 안정적인 결말을 맺는 것이죠.

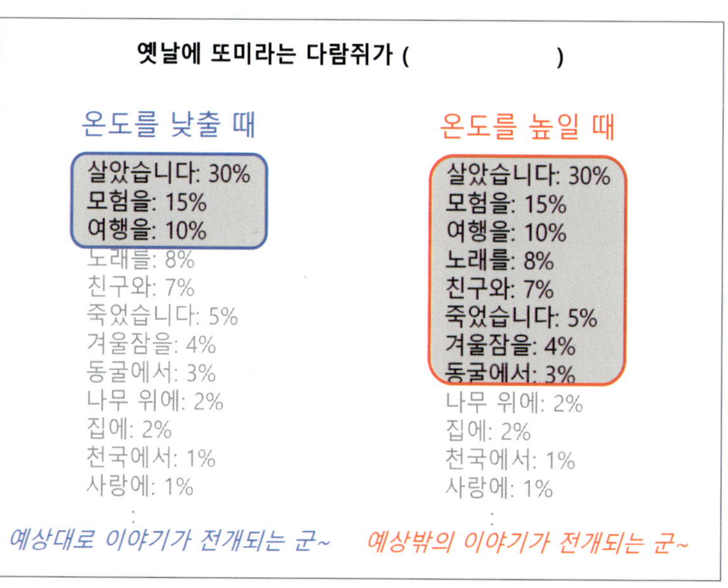

[그림 16-4] 확률적 샘플링에서 '온도'를 조절한 사례

지금까지 챗GPT가 소설을 쓰는 원리에 대해서 살펴봤습니다. 요컨대, 챗GPT는 학습된 이야기 패턴을 기반으로, 문맥에 맞는 다음 단어를 선택하는 '확률적 샘플링'이라는 방법을 사용해서 창작을 수

행합니다. 인간의 창의성과는 다른 통계적인 창작인 셈이죠.

마지막으로, 챗GPT와 같은 AI 도구를 활용한 창작활동과 관련해서는 윤리적인 논쟁이 지속되고 있다는 점을 유의할 필요가 있습니다. 비록 챗GPT가 문장 자체를 그대로 복제하거나 표절한 것은 아니지만, 과거의 이야기 패턴과 단어 조합을 바탕으로 문장을 생성한다는 점에서 창작물의 독창성에 대한 논란이 꾸준히 제기되고 있습니다.

이제 우리 손에 쥐어진 이 새로운 창작 도구를 완전히 통제하기는 어려워 보입니다. 그렇기에 이 도구가 인간 고유의 창의성을 점차 약화시키지 않도록, 윤리 의식과 함께 창작의 사용 기준에 대한 명확한 가이드라인을 마련하는 일이 시급해 보입니다.

부록 연습문제

1 인공지능, 머신러닝, 딥러닝 헷갈리지 않고 이해하기

1 딥러닝, 인공지능, 머신러닝의 관계는 무엇인가?

---

2 지식기반 인공지능과 데이터기반 인공지능의 차이는 무엇인가?

---

3 딥러닝에서 '딥(Deep)'이 의미하는 것은 무엇인가?

---

4 데이터기반 인공지능이 사용하는 추론 방식은 무엇인가?

① 규칙기반 추론　　　　② 논리기반 추론

③ 귀납적 추론　　　　　④ 연역적 추론

5 다음 중 머신러닝의 학습 재료에 해당하는 것은?

① 알고리즘　　　　　　② 데이터

③ 지식　　　　　　　　④ 프로그래머

6 다음 중 머신러닝의 예시로 맞는 것은?

① 미리 입력된 법률 지식을 사용한 재판 판결

② 과거 판례 데이터를 학습하여 판결하는 시스템

③ 고정된 알고리즘으로 작업 수행

④ 규칙기반 제어 시스템

7 다음 중 딥러닝이 기존 인공신경망과 다른 점은 무엇인가?

① 은닉층의 크기

② 입력층의 크기

③ 전문가 지식의 수준

④ 데이터 전처리 방식

2 기계를 학습시키는 세 가지 방법: 지도, 비지도, 강화 학습

1 지도학습에서 모델의 성능을 평가하는 데 사용되는 데이터는 무엇이라고 하는가?

2 비지도학습의 주요 특징은 무엇인가?

3 보상을 극대화하기 위해 환경과 상호작용하여 학습하는 데 초점을 맞춘 머신러닝 유형은 무엇인가?

4 지도학습의 목적으로 옳은 것은?

① 데이터를 그룹으로 나누는 것

② 입력과 출력 간 관계를 학습하는 것

③ 환경과 상호작용하여 최적 행동을 찾는 것

④ 데이터를 무작위로 분류하는 것

5 비지도학습의 사례로 적절하지 않은 것은?

① 유사 데이터 군집화　　　② 장바구니 구매 물품 간 연관성 분석

③ 질병 유무의 분류　　　④ 문서의 주제 추출

6 지도학습과 비지도학습의 차이를 맞게 설명한 것은?

① 지도학습은 한 번의 의사결정을 내리는 반면, 비지도학습은 연속된 의사결정을 내리는 데 사용된다.

② 지도학습은 예측오차 최소화를 목적으로 하는 반면, 비지도학습은 정확도 향상을 목적으로 한다.

③ 지도학습은 환경과 상호작용하는 반면, 비지도학습은 환경과 상호작용하지 않는다.

④ 지도학습은 라벨이 붙은 데이터를 학습하는 반면, 비지도학습은 라벨이 없는 데이터에서 패턴을 찾는다.

7 강화학습에서 로봇청소기의 '환경'에 해당하는 것은?

① 로봇청소기의 센서　　　② 집의 구조와 가구 배치

③ 로봇청소기의 배터리　　　④ 장애물의 개수

8 강화학습에서 보상 규칙을 설계하는 이유는?

① 학습 속도를 높이기 위해

② 환경과의 상호작용을 줄이기 위해

③ 에이전트가 목표를 효과적으로 달성하도록 하기 위해

④ 데이터를 더 많이 생성하기 위해

3 목적에 맞게 골라 쓰는 인공지능 기법들

1 데이터를 유사한 그룹으로 묶는 인공지능 기법은 무엇인가?

2 다음 중 머신러닝 모델에 대해서 맞게 설명한 것은 무엇인가?

① 동일한 입력값으로 학습한 인공지능 모델의 구조는 모두 동일하다.

② 데이터를 분석하여 찾아낸 패턴으로 예측을 수행하는 데 사용된다.

③ 레이블이 지정된 데이터를 사용해야만 모델을 만들 수 있다.

④ 전문가의 지식으로 인공지능 모델을 만든다.

3 다음 중 설명 능력이 상대적으로 낮은 기법은 무엇인가?

① 회귀분석   ② 의사결정나무

③ 랜덤포레스트   ④ 로지스틱 회귀분석

4 강화학습에서 사용되는 대표적인 딥러닝 기법은 무엇인가?

① 랜덤포레스트   ② Q-러닝

③ 의사결정나무   ④ 선형 회귀분석

5 문서의 주제 추출에 사용되는 기법은 무엇인가?

① 군집분석 ② 토픽모델링

③ Q-러닝 ④ 협업필터링

6 소규모 데이터를 학습해도 상대적으로 잘 작동하는 기법은 무엇인가?

① 딥러닝 ② 랜덤포레스트

③ 회귀분석 ④ DQN

7 다음 중 딥러닝 기법에 대해서 잘못 설명한 것은 무엇인가?

① 모델이 결과를 도출한 이유를 잘 설명하지 못한다.

② 소규모 데이터를 학습해도 다른 인공지능 기법들보다 상대적으로 좋은 성능을 낸다.

③ 복잡한 패턴을 발견하는 데 적합하다.

④ 이미지나 텍스트 데이터 처리에 좋은 성능을 낸다.

4 인공지능 모델 개발 단계

1 인공지능 모델 개발 단계에서 빈칸을 채우시오.

> 데이터 수집 – (　　　　　) – 모델 생성 – 모델 평가

2 원-핫 인코딩은 어떤 목적을 가진 데이터 변환 기법에 해당하는가?

3 인공지능 모델 학습을 제어하기 위한 설정값은 무엇이라 불리는가?

4 실제 데이터를 수집하기 어려운 경우 대안으로 사용할 수 있는 인공적으로 만들어진 데이터는 무엇인가?

5 가상 데이터의 주요 장점은 무엇인가?

6 머신러닝에서 학습 데이터와 테스트 데이터를 나누는 주된 목적은?

① 데이터를 더 많이 확보하기 위해　② 분석 속도를 빠르게 하기 위해

③ 모델의 성능을 평가하기 위해　④ 데이터 수집 비용을 줄이기 위해

7 다음 중 모델의 성능 평가 방법 중 숫자 예측 문제에 해당하는 것은?

① 정확도　② 예측오차

③ 정밀도　④ 재현율

8 분류 문제의 성능 평가 방법으로 가장 적절한 것은?

① 예측오차　② 평균 제곱 오차

③ 정확도　④ 손실 함수

5 인공지능모델을 효율적으로 개발하는 방법: 전이학습

1 전이학습에서 사전학습모델을 추가 데이터로 학습해서 특정 목적에 맞게 변환하는 과정을 무엇이라고 하는가?

2 다음 중 전이학습의 적절한 활용 사례는 무엇인가?

① 허깅페이스에 등록된 사전학습모델을 다른 공유 플랫폼으로 이동

② 사전학습된 GAN모델로 가상 인간 생성

③ 사전 학습된 트랜스포머 모델을 활용하여 챗GPT 개발

④ 사전 학습된 트랜스포머 모델을 감성분석 모델로 변환

3 다음 중 전이학습을 사용했을 때의 장점은 무엇인가?

① 새로운 데이터를 많이 확보할 수 있다.

② 초기 학습 비용을 절감할 수 있다.

③ 사전학습모델 없이 학습할 수 있다.

④ 성능 검증이 필요 없다.

4 다음 중 공개된 사전학습모델에 해당하지 않는 것은 무엇인가?

① BERT

② GPT-2

③ Copilot

④ VGGFace

5 다음 중 전이학습을 사용하는 것이 부적절할 때는 언제인가?

① 기존 모델과 유사한 문제를 해결하고자 할 때

② 학습할 데이터셋이 불충분할 때

③ 기존에 없는 창의적인 문제를 해결하고자 할 때

④ 인공지능 모델을 학습할 시간과 자원이 부족할 때

6 다음 중 사전학습모델을 제공하지 않는 플랫폼은 무엇인가?

① 허깅페이스 ② 텐서플로우 허브

③ 파이토치 허브 ④ 코랩 허브

7 다음 중 GPT-2 모델을 전이학습하여 개발하기 적합한 것은 무엇인가?

① 고객지원 챗봇 서비스 ② 이미지 인식

③ 가상 인간 생성 ④ AI 게임 개발

6 회귀분석: 광고비로 매출 예측하기

1 단순 선형회귀분석과 다중 선형회귀분석의 차이를 설명하시오.

2 회귀분석 결과 중 결정계수(R^2)가 0.71이라면, 이것의 의미를 설명하시오.

3 회귀계수의 유의성을 판단할 때 p-value의 기준은 일반적으로 얼마인가?

4 다음은 TV와 Radio 광고비를 독립변수로 사용하고, 매출을 종속변수로 설정하여 다중 선형회귀 분석한 회귀식이다. TV 광고비의 회귀계수 0.04 의 의미를 해석하시오.

$$Sales = 2.5 + 0.04 \times TV + 0.08 \times Radio$$

5 다음 중 회귀분석을 적용하기에 가장 적절한 문제는 무엇인가?

① 고객이 어떤 상품을 살지 예측하는 문제

② 마케팅 채널별 광고비를 입력해 총매출을 예측하는 문제

③ 고객 리뷰를 감정(긍정/부정)으로 분류하는 문제

④ 이메일이 스팸인지 아닌지 분류하는 문제

6 평균제곱오차(Mean Squared Error: MSE)에 대한 설명으로 옳은 것은 무엇인가?

① 실제값과 예측값의 차이의 평균

② 실제값과 예측값의 차이를 제곱한 평균

③ 예측값의 총합

④ 모델의 설명력을 나타내는 지표

7 회귀분석의 결정계수 R^2가 0.92라면, 다음 중 옳은 해석은?

① 모델이 92%의 예측 정확도를 가진다.

② 모델이 92%의 데이터를 잘 맞춘다.

③ 독립변수들이 종속변수의 변동을 92% 설명한다.

④ 오차가 92%라는 뜻이다.

7 의사결정나무: 연인의 결별 여부 예측하기

1 모델이 과거 사례에 지나치게 맞춰져 새로운 데이터에 대한 예측 성능이 저하되는 현상을 무엇이라고 하는가?

2 의사결정나무의 가장 위에 있는 노드를 무엇이라고 하는가?

3 지도학습에서 예측하고자 하는 변수를 무엇이라고 하는가?

① 독립변수   ② 종속변수

③ 클래스 변수   ④ 무작위 변수

4 의사결정나무의 규칙 생성은 어떤 데이터로부터 이루어지는가?

① 테스트 데이터   ② 독립변수 값

③ 학습 데이터   ④ 결합 데이터

5 의사결정나무에서 '잎사귀 노드'의 역할은 무엇인가?

① 분할 기준을 제공한다.   ② 예측 결과를 나타낸다.

③ 데이터 분포를 재배열한다.   ④ 새로운 데이터를 추가한다.

6 다음 중 의사결정나무의 장점은 무엇인가?

① 결과를 명확한 규칙으로 해석할 수 있다.

② 대규모 데이터에서 높은 정확도를 보인다.

③ 다른 기법 대비 높은 예측 성능을 보장한다.

④ 과적합이 발생하지 않는다.

7 의사결정나무에서 가지의 분할 기준은 무엇인가?

① 데이터의 불균형을 유지　　　② 순수도가 낮은 노드 생성

③ 노드의 순수도를 높임　　　　④ 데이터 양을 줄임

8 의사결정나무에서 생성된 규칙 수와 동일한 것은 무엇인가?

① 자식 노드의 수　　　　　　　② 잎사귀 노드의 수

③ 의사결정나무의 깊이　　　　④ 의사결정나무의 가지 수

8 랜덤포레스트: 의사의 진료 없이 심장병 진단하기

1 전체 데이터에서 일부만을 운에 따라서 뽑는 데이터 추출 방식을 무엇이라고 하는가?

2 랜덤포레스트의 주요 장점은 무엇인가?

① 모델의 해석 용이성　　　② 빠른 계산 속도

③ 과적합 감소　　　④ 범주형 변수 처리의 자동화

3 랜덤포레스트의 기본 단위인 의사결정나무들은 무엇을 기반으로 학습하는가?

① 전체 데이터　　　② 샘플링된 데이터

③ 테스트 데이터　　　④ 정규화된 데이터

4 랜덤포레스트에서 의사결정나무들의 수를 늘리면 어떤 효과가 있나?

① 계산 속도가 빨라짐　　　② 예측의 안정성이 높아짐

③ 모델의 해석이 쉬워짐　　　④ 범주형 변수의 자동 변환

5 랜덤포레스트가 단일 의사결정나무보다 일반적으로 더 나은 이유는 무엇인가?

① 데이터 분포를 변경하기 때문　　　② 데이터를 반복 학습하기 때문

③ 변수 선택을 하지 않기 때문　　　④ 여러 모델의 결과를 종합하기 때문

6 랜덤포레스트 분류 모델의 정확도를 평가하는 데 사용되는 주요 도구는 무엇인가?

① 상관계수　　　　　　　　② 투표비율

③ 혼동행렬　　　　　　　　④ 학습 데이터의 분포

9 인공신경망: 손 글씨를 자동으로 인식하기 

1 손 글씨나 인쇄된 문자를 디지털 데이터로 변환하는 기술을 무엇이라고 하는가?

2 손 글씨 인식에 사용되는 대표적인 머신러닝 기법은 무엇인가?

3 이미지 데이터를 구성하는 가장 작은 기본 단위는 무엇인가?

4 혼동행렬에서 확인할 수 없는 것은 무엇인가?

① 정확히 예측된 데이터 수　　　② 잘못 예측된 데이터 수

③ 모델의 정확도　　　④ 모델의 학습률

5 인공신경망의 입력층 뉴런 개수와 관련 있는 것은?

① 데이터의 샘플 수　　　② 데이터의 레이블 수

③ 데이터의 변수 수　　　④ 문제의 복잡도

6 인공신경망이 블랙박스에 비유되는 이유는 무엇인가?

① 높은 정확도 ② 높은 보안성

③ 높은 견고성 ④ 설명력 부족

7 인공신경망의 은닉층의 수가 증가할수록 나타나는 효과는 무엇인가?

① 데이터의 복잡한 패턴을 찾아내는 능력이 향상된다.

② 데이터를 빠르게 분석하는 능력이 향상된다.

③ 모델의 학습률이 높아진다.

④ 모델의 과적합 위험이 감소된다.

10 군집분석: 휴대 전화 통화 패턴에 따른 고객군 세분화하기

1 군집분석은 지도학습과 비지도학습 중 어디에 속하는가?

2 k-means 클러스터링에서 데이터를 정규화하는 이유는 무엇인가?

3 군집분석에서 k값은 무엇을 의미하는가?

4 다음 중 k-means 클러스터링에서 처리할 수 있는 데이터 유형을 맞게 설명한 것은 무엇인가?

① 명목형 데이터는 수치형으로 변환해야 분석할 수 있다.

② 수치형 데이터는 명목형으로 변환해야 분석할 수 있다.

③ 수치형과 명목형 모두 변환하지 않고 분석할 수 있다.

④ 시계열 데이터만 분석할 수 있다.

5 k-means 클러스터링에서 군집의 수 k값을 정하는 방식을 맞게 설명한 것은 무엇인가?

① 군집 간 차이가 최소화되도록 설정해야 한다.

② 군집 내 동질성이 극대화되도록 설정해야 한다.

③ 군집 간 차이가 뚜렷하고 군집 내 유사성이 높도록 설정해야 한다.

④ k값은 알고리즘이 자동으로 설정한다.

6 다음 중 군집분석의 주요 목적은 무엇인가?

① 데이터의 군집 번호를 정확히 예측

② 데이터의 군집 번호를 정확히 분류

③ 비슷한 특성을 가진 데이터를 그룹화

④ 데이터의 유사한 변수들을 그룹화

7 군집분석의 성능평가 방식을 맞게 설명한 것은 무엇인가?

① 혼동행렬이 주로 사용됨

② MAE, MSE 등이 주로 사용됨

③ 정확도가 주로 사용됨

④ 직접적인 성능평가를 할 수 없음

11 토픽모델링: 수천 개의 뉴스 기사를 주제별로 자동 구분하기

1 토픽모델링의 기본 가정은 무엇인가?

2 특정 분야에서 너무나 당연하게 많이 사용되는 단어를 무엇이라고 하는가?

3 토픽모델링에서 추출된 토픽 이름은 기본적으로 어떻게 정하는가?

4 토픽모델링에서 문서를 분류할 때 가장 중요한 기준은 무엇인가?

① 문서에 포함된 레이블　　　② 토픽 비율

③ 토픽 테이블　　　④ 토픽 카테고리

5 토픽모델링에서 도메인 불용어를 적절히 처리하는 방법은 무엇인가?

① 텍스트 결측치에 해당하므로 제거하고 출현 빈도가 높은 다른 단어로 대체한다.

② 출현 빈도가 높은 단어이므로 토픽명을 붙이는 데 활용한다.

③ 해당 분야에서 당연하게 등장하는 단어이므로 제거한다.

④ 문법적으로 불필요한 단어일 때에만 제거한다.

6 한국어 뉴스 데이터를 수집할 때 사용할 수 있는 플랫폼은 무엇인가?

① 빅카인즈　　　　　　② 허깅페이스

③ 깃허브　　　　　　　④ 캐글

7 다음 중 토픽모델링 결과에서 파악할 수 없는 것은 무엇인가?

① 각 문서별 토픽 비율

② 각 토픽별 키워드

③ 문서 분류 정확도

④ 가장 높은 비율을 차지하는 토픽 번호

 **스타일 전이: 프로필 사진의 변신 원리**

1. 스타일 전이에 사용되는 대표적인 딥러닝 기법의 형태는 무엇인가?

2. 하나의 이미지 콘텐츠와 다른 이미지의 스타일을 결합하여 시각적으로 변형된 결과물을 생성하는 인공지능 기술을 무엇이라고 하는가?

3. 스타일 전이에서 새로 생성된 이미지와 스타일 이미지 사이의 차이를 무엇이라고 하는가?

4. 스타일 전이에서 새로 생성된 이미지와 원본 이미지 사이의 차이를 무엇이라고 하는가?

5 스타일 전이 과정에서, 콘텐츠 손실의 중요도를 높이는 경우 나타날 수 있는 결과는 무엇인가?

① 스타일이 과도하게 반영됨 ② 생성된 이미지의 해상도 증가

③ 원본 이미지와 유사한 결과물 ④ 원본 콘텐츠의 손실이 커짐

6 스타일 전이에서 CNN이 수행하는 역할로 적합한 것은 무엇인가?

① 이미지의 특징 추출 ② 모델 학습 가속화

③ 데이터 노이즈 제거 ④ 데이터 분류

7 스타일 전이 기술의 활용사례로 적합하지 않은 것은 무엇인가?

① 프로필 사진 개선 ② 안면인식 시스템 개선

③ 유명화가의 화풍 적용 ④ 맞춤형 패션 디자인 제작

13　GAN: 진짜 같은 가상 인간을 만드는 원리

1 GAN 모델에서 생성자(Generator)의 역할은 무엇인가?

2 GAN 모델에서 판별자(Discriminator)의 역할은 무엇인가?

3 사람의 얼굴과 행동을 합성하여 가짜 영상을 만드는 딥페이크(DeepFake)에 사용되는 딥러닝 기법은 무엇인가?

4 GAN의 최종 학습 결과가 목표로 하는 것은 무엇인가?

① 실제와 구별되지 않는 가상 이미지 생성

② 데이터 분류 정확도 향상

③ 데이터 압축 성능 최적화

④ 영상 처리 속도 증가

5 GAN의 가상 이미지 생성 원리에서 생성자와 판별자의 관계를 적절하게 비유한 것은?

① 학생과 선생님　　　　　　　② 작가와 독자

③ 위조지폐범과 경찰　　　　　④ 의사와 환자

6 GAN 학습 과정에서 생성자와 판별자의 손실은 무엇을 의미하는가?

① 데이터의 양　　　　　　　　② 학습 속도

③ 모델의 오류율　　　　　　　④ 이미지 해상도

7 GAN 학습 단계에서 생성자는 어떤 데이터를 기반으로 학습하는가?

① 생성된 데이터　　　　　　　② 실제 데이터

③ 레이블 없는 데이터　　　　④ 무작위 데이터

8 GAN의 손실 계산에서 생성자의 손실이 커지는 조건은 무엇인가?

① 생성된 이미지가 모두 다를 때

② 판별자가 생성자를 잘 속일 때

③ 생성자가 진짜 같은 가짜 이미지를 만들 때

④ 판별자가 가짜 이미지를 잘 구별할 때

14 트랜스포머: 기계 번역이 발번역을 극복한 원리

1 구글이 개발한 자연어 처리에 특화된 딥러닝 모델로 챗GPT에도 사용되는 모델은 무엇인가?

2 트랜스포머 모델에서 입력된 데이터를 분석하는 부분은 무엇인가?

3 트랜스포머 모델에서 결과를 생성하는 부분은 어디인가?

4 '어텐션'이란 무엇을 분석하는 기법인가?

① 문법 구조   ② 단어 간 관계

③ 음성 신호   ④ 이미지를 텍스트로 변환

5 트랜스포머의 어텐션 점수가 가장 높게 부여되는 경우는?

① 동음이의어를 단독으로 사용할 때   ② 단어 간 문맥적 관계가 명확할 때

③ 특정 단어가 반복될 때   ④ 입력 문장이 짧을 때

6 트랜스포머 모델에서 문장을 생성하는 과정에 관여하는 구성 요소는 무엇인가?

① 인코더　　　　　　　　　② 디코더

③ 어텐션　　　　　　　　　④ 말뭉치

7 "나는 배가 아파서 병원에 갔다."에서 '배'의 의미를 파악하는 데 중요한 단어는 무엇인가?

① 나는, 갔다　　　　　　　② 배가, 타고

③ 아파서, 병원에　　　　　④ 병원에, 택시를

8 트랜스포머가 기계번역에서 중요한 이유는 무엇인가?

① 빠른 계산 속도　　　　　② 문법 오류 감소

③ 문맥적 이해 강화　　　　④ 입력 데이터 크기 감소

9 트랜스포머가 학습한 데이터 중에서 "호랑이도 제 말 하면 온다."와 같이 의미 중심의 번역에 상대적으로 더 중요한 것은 무엇인가?

① 메신저 대화　　　　　　② 블로그

③ 사전　　　　　　　　　　④ 병렬 말뭉치

15 GPT 모델: 챗GPT가 소설을 쓰는 원리

1 GPT 모델에서 G, P, T는 각각 무엇을 의미하는가?

2 챗GPT는 다음 단어를 선택할 때 어떤 방식을 사용하는가?

3 챗GPT의 생성 과정에서 무작위성을 조정하는 매개변수를 무엇이라고 하는가?

4 GPT 모델의 주요 기법인 트랜스포머는 무엇을 나타내는가?

① 머신러닝 학습 유형　　　② 확률적 샘플링 방법

③ 딥러닝 알고리즘　　　④ 데이터 증강 기술

5 이야기 생성 시 GPT의 '온도' 조정의 역할은 무엇인가?

① 단어 후보군의 확률 계산

② 문장 길이 조정

③ 다음 단어를 선택할 때 무작위성 조절

④ 문장의 정확성 검증

6 챗GPT는 이야기 전개를 위해 다음 단어를 어떻게 선택하는가?

① 항상 가장 높은 확률의 단어 선택   ② 후보 단어들 중 임의 선택

③ 미리 정해진 패턴으로 선택   ④ 사용자 지정 단어만 선택

7 챗GPT가 확률이 가장 높은 단어만 선택할 경우 발생할 수 있는 문제는 무엇인가?

① 답변 속도 저하   ② 항상 동일한 결과 생성

③ 데이터 과다 활용   ④ 정답 오류 증가

8 챗GPT가 이야기를 만들 때, 예측하기 어렵게 이야기를 전개하려면 '온도' 설정을 어떻게 조정하는가?

① 낮춘다   ② 높인다

③ 고정한다   ④ 무작위로 변경한다

연습 문제 정답

1. 인공지능, 머신러닝, 딥러닝 헷갈리지 않고 이해하기

1	인공지능 ⊃ 머신러닝 ⊃ 딥러닝 (인공지능의 하위 분야가 머신러닝이고, 머신러닝의 하위 영역 중 딥러닝이 있음.)
2	지식기반 인공지능은 인간이 정한 규칙이나 전문가의 지식 등을 기계에 입력해서 지능적으로 동작하도록 하는 반면, 데이터기반 인공지능은 기계가 데이터로부터 스스로 패턴을 학습해서 지능을 획득하도록 함.
3	인공신경망에서 은닉층이 깊게 여러 층으로 구성되어 있음.
4	③
5	②
6	②
7	①

2. 기계를 학습시키는 세 가지 방법: 지도, 비지도, 강화 학습

1	테스트 데이터
2	정답(레이블)이 없는 데이터를 사용하여 패턴을 발견하는 학습 방법
3	강화학습
4	②
5	③
6	④

7	②
8	③

3. 목적에 맞게 골라 쓰는 인공지능 기법들

1	군집분석
2	③
3	③
4	②
5	②
6	③
7	②

4. 인공지능 모델 개발 단계

1	데이터 전처리
2	명목형 데이터를 수치형 데이터로 변환
3	하이퍼파라미터
4	가상 데이터 또는 합성 데이터
5	개인정보 보호 문제 해결 및 특정 상황 시뮬레이션 가능
6	③
7	②
8	③

5. 인공지능모델을 효율적으로 개발하는 방법: 전이학습

1	미세조정
2	④
3	②
4	③
5	③
6	④
7	①

6. 회귀분석: 광고비로 매출 예측하기

1	단순 선형회귀는 하나의 독립변수와 종속변수 간의 관계를 분석하고, 다중 선형회귀는 두 개 이상의 독립변수를 통해 종속변수를 예측
2	독립변수들이 종속변수 변동의 71%를 설명하고 있음.
3	0.05(0.05 이하이면 통계적으로 유의함)
4	TV 광고비가 1단위 증가할 때마다, 매출(Sales)이 0.04만큼 증가한다.
5	②
6	②
7	③

7. 의사결정나무: 연인의 결별 여부 예측하기

1	과적합
2	뿌리 노드
3	②
4	③
5	②

6	①
7	③
8	②

8. 랜덤포레스트: 의사의 진료 없이 심장병 진단하기

1	단순 임의추출
2	③
3	②
4	②
5	④
6	③

9. 인공신경망: 손 글씨를 자동으로 인식하기

1	OCR
2	딥러닝
3	픽셀
4	④
5	③
6	④
7	①

10. 군집분석: 휴대 전화 통화 패턴에 따른 고객군 세분화하기

1	비지도학습
2	변수들 간의 크기 또는 범위를 일정하게 맞춰서 변수 간 단위효과 제거하기 위해
3	군집의 개수
4	①

5	③
6	③(군집분석은 비지도학습이므로 정확한 분류 또는 예측을 목적으로 하지 않음)
7	④

11. 토픽모델링: 수천 개의 뉴스 기사를 주제별로 자동 구분하기

1	문서에 사용된 단어들이 비슷하다면, 해당 문서들은 비슷한 주제를 다룰 것이라는 가정
2	도메인 불용어
3	토픽모델에서 도출된 토픽별 주요 단어를 바탕으로 사람이 함
4	②
5	③
6	①
7	③

12. 스타일 전이: 프로필 사진의 변신 원리

1	CNN
2	스타일 전이
3	스타일 손실
4	콘텐츠 손실
5	③
6	①
7	②

13. GAN: 진짜 같은 가상 인간을 만드는 원리

1	가상 이미지를 생성하여 판별자를 속이는 역할
2	생성된 이미지가 실제인지 가상인지 구분하는 역할
3	GAN
4	①
5	③
6	③
7	②
8	④

14. 트랜스포머: 기계 번역이 발번역을 극복한 원리

1	트랜스포머
2	인코더
3	디코더
4	②
5	②
6	②
7	③
8	③
9	④

15. GPT 모델: 챗GPT가 소설을 쓰는 원리

1	G: Generative, P: Pre—trained, T: Transformer
2	확률적 샘플링
3	온도(Temperature)
4	③
5	③
6	②
7	②
8	②

참고문헌 🔍

📑 **참고 논문**

김진형, 박윤주(2024). 텍스트 마이닝을 활용한 언론 기사의 핵심 이슈 및 논조 분석: 국내 이주노동자 문제를 중심으로. 지능정보연구, 30(1), 257–275.

박윤주(2016). 데이터마이닝을 활용한 사랑의 형태에 따른 연인관계 몰입수준 및 관계 지속여부 예측. 지능정보연구, 22(4), 69–85.

Gatys, L. A., Ecker, A. S., & Bethge, M. (2016). *Image style transfer using convolutional neural networks*. In CVPR 2016: Proceedings of the IEEE Conference on Computer Vision and Pattern Recognition (pp. 2414–2423). IEEE. https://www.cv-foundation.org/openaccess/content_cvpr_2016/papers/Gatys_Image_Style_Transfer_CVPR_2016_paper.pdf

Goodfellow, I. J., Pouget-Abadie, J., Mirza, M., Xu, B., Warde-Farley, D., Ozair, S., Courville, A., & Bengio, Y. (2014). Generative adversarial nets. In Z. Ghahramani, M. Welling, C. Cortes, N. D. Lawrence, & K. Q. Weinberger (Eds.), *Advances in Neural Information Processing Systems 27* (pp. 2672–2680). Curran Associates, Inc. https://papers.neurips.cc/paper/5423-generative-adversarial-nets.pdf

Isola, P., Zhu, J.-Y., Zhou, T., & Efros, A. A. (2017). *Image-to-image translation with conditional adversarial networks*. In CVPR 2017: Proceedings of the IEEE Conference on Computer Vision and Pattern Recognition. https://phillipi.github.io/pix2pix/

James, G., Witten, D., Hastie, T., & Tibshirani, R. (2013). *An Introduction to Statistical Learning: with Applications in R*. Springer.

Radford, A., Metz, L., & Chintala, S. (2015). *Unsupervised representation learning with deep convolutional generative adversarial networks* (arXiv:1511.06434). arXiv. https://arxiv.org/abs/1511.06434

Vaswani, A., Shazeer, N., Parmar, N., Uszkoreit, J., Jones, L., Gomez, A. N., Kaiser, L., & Polosukhin, I. (2017). *Attention is all you need*. In I. Guyon, U. von Luxburg, S. Bengio, H. Wallach, R. Fergus, S. Vishwanathan, & R. Garnett (Eds.), *Advances in neural information processing systems* (Vol. 30). Curran Associates, Inc.

📁 참고 사이트

과학기술정보통신부. (2023. 4). 진짜보다 더 진짜 같은 가짜, 생성AI GAN. 네이버 블로그. https://blog.naver.com/with_msip/223066932521

빅카인즈. (2024. 12). 빅카인즈 뉴스 데이터베이스. https://www.bigkinds.or.kr

중앙일보. (2023. 9). 제품인가 창작품인가…美 미술전 우승 AI 그림에 커지는 논쟁. https://www.joongang.co.kr/article/25099346

OpenAI. (n.d.). ChatGPT: OpenAI language model. https://chat.openai.com/

Hugging Face. (n.d.). Hugging Face: NLP and AI models. https://huggingface.co/

Kaggle. (n.d.). Data science and machine learning community. https://www.kaggle.com/

Samsung SDS. (2018, 8). 새로운 인공지능 기술 GAN ②: GAN의 개념과 이해. https://www.samsungsds.com/kr/insights/generative-adversarial-network-ai-2.html

Shimpi, T. (2019. April. 2.). Difference between ML and deep learning with respect to splitting of the dataset. Medium. https://medium.com/@tanmayshimpi/difference-between-ml-and-deep-learning-with-respect-to-splitting-of-the-dataset-into-375d433ee2c8

Shin, B. K. (2023. June). 컴퓨터 비전 14: 스타일 전이 (Style Transfer). Tistory. https://bkshin.tistory.com/entry/%EC%BB%B4%ED%93%A8%ED%84%B0−%EB%B9%84%EC%A0%84−14−%EC%8A%A4%ED%83%80%EC%9D%BC−%EC%A0%84%EC%9D%B4Style−Transfer

Tobigs−gm1. (2020. November). Style−GAN(스타일갠). Velog. https://velog.io/@tobigs−gm1/Style−GAN

Simplilearn. (2025. May). The best guide on how to implement decision tree in Python. https://www.simplilearn.com/tutorials/machine−learning−tutorial/decision−tree−in−python

Xiao, H. (2017). Fashion−MNIST [Data set]. GitHub. https://github.com/zalandoresearch/fashion−mnist

찾아보기

저자 소개

박윤주(Yoon-Joo Park)

고려대학교 컴퓨터학과를 졸업하고, KAIST에서 경영공학 박사학위를 받았다. 뉴욕대학교(NYU) 경영대학에서 박사후 연구원으로 활동했으며, 이후 삼성생명 정보기획부서에서 근무했다. 현재 서울과학기술대학교 경영학과 교수로 재직 중이다. 인공지능 기술을 경영에 접목하는 융합 연구를 수행하고 있으며, 국내외 학회에서 다수의 논문상 및 대학 우수강의상을 수상했다. 경영공학자로서 IT 기술을 보다 친근하게 전달하여 기술과 경영을 잇는 다리가 되기 위해 노력하고 있다.

문과생도 할 수 있는
챗GPT 머신러닝
Machine Learning with ChatGPT

2026년 2월 10일 1판 1쇄 인쇄
2026년 2월 20일 1판 1쇄 발행

지은이 • 박윤주
펴낸이 • 김진환
펴낸곳 • (주) **학지사비즈**

04031 서울특별시 마포구 양화로 15길 20 마인드월드빌딩
대표전화 • 02)330-5114   팩스 • 02)324-2345
등록번호 • 제313-2006-000265호

홈페이지 • http://www.hakjisa.co.kr
인스타그램 • https://www.instagram.com/hakjisabook

ISBN 979-11-93667-24-8 03320

정가 15,000원

저자와의 협약으로 인지는 생략합니다.
파본은 구입처에서 교환해 드립니다.

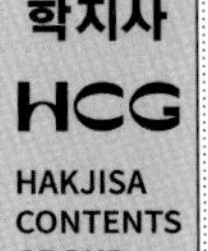
학술전문출판 **학지사** www.hakjisa.co.kr
간호보건의학출판 **학지사메디컬** www.hakjisamd.co.kr
심리검사연구소 **인싸이트** www.inpsyt.co.kr
학술논문서비스 **뉴논문** www.newnonmun.com
교육연수원 **에듀카운피아** www.counpia.com
대학교재 전자책 플랫폼 **캠퍼스북** www.campusbook.co.kr